DIE VEGANEN GEHEIMNISSE 2022

GESUNDE REZEPTE MIT EINFACHEN ANLEITUNGEN

PETER LEVY

Inhaltsverzeichnis

Gegrillte Edamame-Bohnen und Zucchini..11

Gegrillter Kohl und Paprika..13

Gegrillte Okra und Zucchini..15

Gegrillte Artischocken und Römersalat..17

Gegrillter Grünkohl und Paprika..18

Gegrillte Rote Bete und Broccolini-Röschen..20

Gegrillte Edamamebohnen und Römersalat Roma..22

Gegrillter Kohl und grüne Paprika..24

Gegrillte Zucchini und Kohl..26

Gegrillte Okra und rote Zwiebeln..28

Gegrillte Artischocken und rote Zwiebeln..30

Gegrillter Grünkohl und Römersalat..32

Gegrillte Rüben und Karotten..34

Gegrillte Babykarotten und Zwiebeln..36

Gegrillter Babymais und Broccolini-Röschen..38

Gegrillte Artischockenherzen..40

Gegrillte Rote Bete und Spargel..42

Gegrillter Grünkohl..44

Gegrillte Artischocke..45

Gegrillte Okra und Spargel..46

Gegrillter Kohl und Römersalat 48
Gegrillte Edamame-Bohnen und Paprika 50
Gegrillte Babykarotten und grüne Paprika 52
Gegrillte Artischockenherzen und Babymais mit Honigvinaigrette
.... 54
Gegrillte Grünkohl-Rüben und Karotten 56
Gegrillte Okra und Artischocke 58
Gegrillte Kohl-Okra und rote Zwiebel 60
Gegrillte Edamame-Bohnen und Kohl 62
Gegrillte Artischocke, Karotten und Grünkohl 64
Gegrillte Rüben und Artischockenherzen 66
Gegrillter Spargel mit englischer Senf-Vinaigrette 68
Gegrillter Knopf und Shitake-Pilz 70
Gegrillter Blumenkohl mit Chipotle 72
Gegrillter Spargel mit Miso 74
Gegrillter Mais mit Poblano Chilis 77
Gegrillter Brokkoli mit milchfreiem Joghurt 79
Gegrillte Champignons mit Mandel-Zitronen-Dip 81
Super einfach gegrillte Fenchelknollen 83
Gegrillte Rauchkarotten mit veganem Joghurt 84
Gegrillter Zucchini-Pilz und Blumenkohl 86
Gegrillter Blumenkohl-Brokkoli und Spargel 88
Gegrillte Karotten mit Honig-Ingwer-Glasur 90
Gegrillte spiralförmige Auberginen mit Tomaten 92

Gegrillte Zucchini-Spieße 94
Shishito-Paprika-Spieße mit Teriyaki-Glasur-Rezept 96
Gegrillter Radicchio mit veganem Käse 97
Schüssel mit Avocadobohnen und Tomaten 98
Quinoa-Bohnenschalen 100
Rosenkohl mit Soja-Dressing 102
Vegane Teriyaki-Nudeln 104
Vegane Spaghetti Carbonara 106
Reisnudelsalat 108
Vegane Spaghetti Bolognese 110
Tomaten gefüllt mit Pesto 112
Butterkopfsalat und Erdnuss-Thai-Salat 115
Schnittlauch- und Pistaziensalat 116
Salat-Mandel-Veganer Frischkäse-Salat 118
Boston Salat und Tomatensalat d 120
Salat und Tomaten mit Koriander-Vinaigrette 121
Gemischter Grün- und Mandelsalat 122
Kerbel und veganer Ricottasalat 123
Bib-Salat-Walnuss- und veganer Parmesan-Salat 124
Endiviensalat Tomatillo und veganer Ricottasalat 125
Grünkohl-Tomaten-Veganer Parmesan-Salat 126
Spinattomatillos und Mandelsalat 127
Grünkohl-Tomaten-Mandel-Salat 128
Gemischter grüner Mandel- und veganer Ricotta-Salat 129

Endivien-Tomaten-Mandel-Salat 130

Grünkohl-Tomatillo-Mandel-Salat 131

Escarole-Mandel-Tomaten-Salat 132

Endivien-Tomatillo-Mandel-Salat 133

Bib-Salat-Mandel-Kirsch-Tomaten-Salat 134

Spinattomatillos und veganer Parmesansalat 135

Grünkohl-Tomaten-Veganer Parmesan-Käse-Salat 136

Gemischter grüner Tomatillo- und veganer Ricotta-Käsesalat 137

Escarole-Mandel- und veganer Ricotta-Käsesalat 138

Endivien-Tomaten-Mandel-Salat 139

Spinat-Zucchini-Mandel-Salat 140

Grünkohl-Gurken-Tomatillo und Tofu-Ricotta-Salat 141

Gemischter Grüner-Mandel-Tofu-Ricotta-Salat 142

Grünkohl-Tomaten-Veganer Parmesan-Käse-Salat 143

Kerbel-Tomaten-Veganer Parmesan-Käse-Salat 144

Salat mit Tomatillo und Tofu-Ricotta-Käsesalat 145

Spinat-Tomaten & Mandelsalat 147

Napa Kohl-Tomatillo und veganer Parmesan-Käse-Salat 148

Chicorée-Tomatillo-Mandel-Salat 149

Grünkohl-Tomaten und Tofu-Ricotta-Käsesalat 150

Napa Kohl-Tomaten und Tofu-Ricotta-Käsesalat 151

Baby Beet Greens Tomatillos und veganer Käsesalat 152

Super einfacher Römersalatsalat 153

Einfacher Bib-Salat-Salat 154

Einfacher Boston-Salat 155

Einfacher gemischter Grünsalat 156

Lätzchensalatsalat 157

Boston-Salatsalat mit Balsamico-Glasur 158

Einfacher Endiviensalat 159

Gemischter Grünsalat 160

Boston-Kopfsalat und Erdnusssalat 161

Boston-Salat mit Balsamico-Glasur 162

Kopfsalat mit Walnuss-Vinaigrette 163

Römersalat mit Haselnuss-Vinaigrette 164

Gemischtes Gemüse mit Mandel-Vinaigrette-Salat 165

Endiviensalat mit Erdnuss-Balsamico-Vinaigrette-Salat 166

Kopfsalat mit Cashew-Vinaigrette 167

Römersalat mit Walnuss-Vinaigrette-Salat 168

Gemischtes Gemüse mit Mandel-Vinaigrette-Salat 169

Römersalat mit Cashew-Vinaigrette-Salat 171

Endiviensalat mit Haselnuss-Vinaigrette-Salat 172

Kopfsalat mit Erdnuss-Vinaigrette-Salat 173

Grilles Boston-Salatsalat 174

Gegrillter Römersalatsalat 175

Gegrillter Römersalat und Cashew-Vinaigrette-Salat 176

Gegrillter Römersalat und Mandel-Vinaigrette-Salat 177

Gegrillter Napa-Kohl mit Cashew-Vinaigrette 178

Gegrillter Boston-Salat und Cashew-Vinaigrette-Salat 179

Salat mit gegrilltem Römersalat und grünen Oliven 180

Salat mit gegrilltem Blattsalat und grünen Oliven 181

Gegrillter Römersalat und Grüner Kapernsalat 182

Gegrillter Römersalat und Kapernsalat 183

Gegrillter Boston- und Schwarzer-Oliven-Salat 184

Gegrillter Römersalat und Kalamata-Olivensalat 185

Römersalat mit grünen Oliven und Erdnuss-Vinaigrette 186

Römersalat Kapern und Mandelvinaigrette 187

Boston-Salat mit Artischockenherzen und Cashew-Vinaigrette .. 188

Artischocke und Artischockenherzen mit Balsamico-Glasur ... 189

Artischocken und grüne Oliven mit Walnuss-Vinaigrette 190

Römersalat mit schwarzen Oliven und Artischockenherzen ... 191

Artischockenherzen mit schwarzem Olivensalat 192

Boston Lettuce Schwarzer Oliven- und Artischockenherzsalat ... 193

Römersalat mit Artischockenherz und Macadamia-Vinaigrette-Salat 195

Kopfsalat mit schwarzen Oliven und Artischockenherzsalat 196

Boston-Salat mit Apfelwein-Vinaigrette 197

Römersalat mit Artischockenherz und Cashew-Vinaigrette-Salat 198

Römersalat, Artischockenherz und grüner Olivensalat 199

Bib Kopfsalat Kalamata Oliven und Artischockenherzsalat 200

Römersalat Baby Mais und Artischockenherzsalat 201

Boston-Salat mit Baby-Karotten und Artischockenherzen 202

Römersalat, schwarze Oliven und Babymaissalat 203
Römersalat & Babykarotten mit Walnuss-Vinaigrette-Salat 204
Boston-Salat mit Kapern und Artischockenherzsalat 205
Römersalat, grüne Oliven und Artischockenherz mit Macadamia-Vinaigrette 206
Bib Salat Olive und Baby Karotte mit Walnuss-Vinaigrette-Salat 207
Römersalat mit Baby-Maissalat 208
Römersalat, rote Zwiebeln und Artischockenherz mit Erdnuss-Vinaigrette-Salat 209
Boston-Salat, schwarze Oliven und Babymais mit Mandel-Vinaigrette-Salat 211
Salat mit Endivien und grünen Oliven Olive 212
Gemischter Salat mit grünen Oliven und Artischockenherzen 213
Boston-Salat mit Artischockenherzen 214
Pflaumen-Tomaten-Artischocke und Napa-Kohl-Salat 215
Gurken-Trauben- und Maissalat 216
Tomatillos Kirschen und Spinatsalat 217
Äpfel Rotkohl und Kirschsalat 218
Pflaumen-Tomaten-Apfel-Rotkohl-Salat 219
Pflaumen-Tomaten-Grünkohl-Ananas-Mango-Salat 220

Gegrillte Edamame-Bohnen und Zucchini

Zutaten

20 Stk. Edamame bohnen

1 Pfund Zucchini, längs in kürzere Stifte geschnitten

1 Pfund grüne Paprika, in breite Streifen geschnitten

1 große rote Zwiebel, in 1/2 Zoll dicke Runden geschnitten

1/3 Tasse italienische Petersilie oder Basilikum, fein gehackt

Dressing-Zutaten:

6 EL. Natives Olivenöl extra

1 Teelöffel. Zwiebelpulver

Meersalz nach Geschmack

3 EL. destillierter weißer Essig

1 Teelöffel. dijon Senf

Alle Dressing-Zutaten gründlich vermischen.

Heizen Sie Ihren Grill auf niedrige Hitze vor und fetten Sie die Roste ein.

Den Gemüsegrill für 12 Minuten pro Seite schichten, bis er einmal zart ist.

Mit den Marinade-/Dressing-Zutaten bestreichen

Gegrillter Kohl und Paprika

Zutaten

1 mittelgroßer Kohl in Scheiben geschnitten

1 Pfund grüne Paprika, in breite Streifen geschnitten

1 große rote Zwiebel, in 1/2 Zoll dicke Runden geschnitten

1/3 Tasse italienische Petersilie oder Basilikum, fein gehackt

Dressing-Zutaten

6 EL. Olivenöl

1 Teelöffel. Knoblauchpulver

1 Teelöffel. Zwiebelpulver

Meersalz nach Geschmack

3 EL. Weißweinessig

1 Teelöffel. Englischer Senf

Alle Dressing-Zutaten gründlich vermischen.

Heizen Sie Ihren Grill auf niedrige Hitze vor und fetten Sie die Roste ein.

Den Gemüsegrill für 12 Minuten pro Seite schichten, bis er einmal zart ist.

Mit den Marinade-/Dressing-Zutaten bestreichen

Gegrillte Okra und Zucchini

Zutaten

10 Stk. Okra

1 Pfund Zucchini, längs in kürzere Stifte geschnitten

10 Stk. Rosenkohl

1 große rote Zwiebel, in 1/2 Zoll dicke Runden geschnitten

1/3 Tasse italienische Petersilie oder Basilikum, fein gehackt

Dressing-Zutaten

6 EL. Olivenöl

3 Spritzer Tabasco scharfe Sauce

Meersalz nach Geschmack

3 EL. Weißweinessig

1 Teelöffel. Eifreie Mayonnaise

Alle Dressing-Zutaten gründlich vermischen.

Heizen Sie Ihren Grill auf niedrige Hitze vor und fetten Sie die Roste ein.

Den Gemüsegrill für 12 Minuten pro Seite schichten, bis er einmal zart ist.

Mit den Marinade-/Dressing-Zutaten bestreichen

Gegrillte Artischocken und Römersalat

Zutaten

1 Stk. Artischocke

1 Bund Römersalatblätter

2 mittelgroße Karotten, längs einschneiden und halbieren

4 große Tomaten, dick geschnitten

Dressing-Zutaten

6 EL. Natives Olivenöl extra

Meersalz nach Geschmack

3 EL. Balsamico Essig

1 Teelöffel. dijon Senf

Alle Dressing-Zutaten gründlich vermischen.

Heizen Sie Ihren Grill auf niedrige Hitze vor und fetten Sie die Roste ein.

Den Gemüsegrill für 12 Minuten pro Seite schichten, bis er einmal zart ist.

Mit den Marinade-/Dressing-Zutaten bestreichen

Gegrillter Grünkohl und Paprika

Zutaten

1 Bund Grünkohl

1 Pfund grüne Paprika, in breite Streifen geschnitten

1 große rote Zwiebel, in 1/2 Zoll dicke Runden geschnitten

1/3 Tasse italienische Petersilie oder Basilikum, fein gehackt

Dressing-Zutaten

6 EL. Natives Olivenöl extra

Meersalz nach Geschmack

1 Teelöffel. Zwiebelpulver

1/2 TL. Kräuter der Provence

3 EL. Weißweinessig

1 Teelöffel. dijon Senf

Alle Dressing-Zutaten gründlich vermischen.

Heizen Sie Ihren Grill auf niedrige Hitze vor und fetten Sie die Roste ein.

Den Gemüsegrill für 12 Minuten pro Seite schichten, bis er einmal zart ist.

Mit den Marinade-/Dressing-Zutaten bestreichen

Gegrillte Rote Bete und Broccolini-Röschen

Zutaten

5 Stk. Rüben

1 Pfund grüne Paprika, in breite Streifen geschnitten

10 Brokkolini-Röschen

10 Stk. Rosenkohl

1 große rote Zwiebel, in 1/2 Zoll dicke Runden geschnitten

1/3 Tasse italienische Petersilie oder Basilikum, fein gehackt

Dressing-Zutaten

6 EL. Natives Olivenöl extra

Meersalz nach Geschmack

3 EL. Apfelessig

1 EL. Honig

1 Teelöffel. Eifreie Mayonnaise

Alle Dressing-Zutaten gründlich vermischen.

Heizen Sie Ihren Grill auf niedrige Hitze vor und fetten Sie die Roste ein.

Den Gemüsegrill für 12 Minuten pro Seite schichten, bis er einmal zart ist.

Mit den Marinade-/Dressing-Zutaten bestreichen

Gegrillte Edamamebohnen und Römersalat Roma

Zutaten

20 Stk. Edamame bohnen

1 Bund Römersalatblätter

2 mittelgroße Karotten, längs einschneiden und halbieren

4 große Tomaten, dick geschnitten

Dressing-Zutaten:

6 EL. Natives Olivenöl extra

1 Teelöffel. Zwiebelpulver

Meersalz nach Geschmack

3 EL. destillierter weißer Essig

1 Teelöffel. dijon Senf

Alle Dressing-Zutaten gründlich vermischen.

Heizen Sie Ihren Grill auf niedrige Hitze vor und fetten Sie die Roste ein.

Den Gemüsegrill für 12 Minuten pro Seite schichten, bis er einmal zart ist.

Mit den Marinade-/Dressing-Zutaten bestreichen

Gegrillter Kohl und grüne Paprika

Zutaten

1 mittelgroßer Kohl in Scheiben geschnitten

1 Pfund grüne Paprika, in breite Streifen geschnitten

1 große rote Zwiebel, in 1/2 Zoll dicke Runden geschnitten

1/3 Tasse italienische Petersilie oder Basilikum, fein gehackt

Dressing-Zutaten

6 EL. Natives Olivenöl extra

Meersalz nach Geschmack

3 EL. Balsamico Essig

1 Teelöffel. dijon Senf

Alle Dressing-Zutaten gründlich vermischen.

Heizen Sie Ihren Grill auf niedrige Hitze vor und fetten Sie die Roste ein.

Den Gemüsegrill für 12 Minuten pro Seite schichten, bis er einmal zart ist.

Mit den Marinade-/Dressing-Zutaten bestreichen

Gegrillte Zucchini und Kohl

Zutaten

1 Pfund Zucchini, längs in kürzere Stifte geschnitten

1 mittelgroßer Kohl in Scheiben geschnitten

1 große rote Zwiebel, in 1/2 Zoll dicke Runden geschnitten

1/3 Tasse italienische Petersilie oder Basilikum, fein gehackt

10 Brokkolini-Röschen

10 Stk. Rosenkohl

Dressing-Zutaten

6 EL. Olivenöl

3 Spritzer Tabasco scharfe Sauce

Meersalz nach Geschmack

3 EL. Weißweinessig

1 Teelöffel. Eifreie Mayonnaise

Alle Dressing-Zutaten gründlich vermischen.

Heizen Sie Ihren Grill auf niedrige Hitze vor und fetten Sie die Roste ein.

Den Gemüsegrill für 12 Minuten pro Seite schichten, bis er einmal zart ist.

Mit den Marinade-/Dressing-Zutaten bestreichen

Gegrillte Okra und rote Zwiebeln

Zutaten

10 Stk. Okra

1 große rote Zwiebel, in 1/2 Zoll dicke Runden geschnitten

1/3 Tasse italienische Petersilie oder Basilikum, fein gehackt

Dressing-Zutaten

6 EL. Olivenöl

1 Teelöffel. Knoblauchpulver

1 Teelöffel. Zwiebelpulver

Meersalz nach Geschmack

3 EL. Weißweinessig

1 Teelöffel. Englischer Senf

Alle Dressing-Zutaten gründlich vermischen.

Heizen Sie Ihren Grill auf niedrige Hitze vor und fetten Sie die Roste ein.

Den Gemüsegrill für 12 Minuten pro Seite schichten, bis er einmal zart ist.

Mit den Marinade-/Dressing-Zutaten bestreichen

Gegrillte Artischocken und rote Zwiebeln

Zutaten

1 Stk. Artischocke

1 große rote Zwiebel, in 1/2 Zoll dicke Runden geschnitten

1/3 Tasse italienische Petersilie oder Basilikum, fein gehackt

Dressing-Zutaten

6 EL. Natives Olivenöl extra

Meersalz nach Geschmack

3 EL. Apfelessig

1 EL. Honig

1 Teelöffel. Eifreie Mayonnaise

Alle Dressing-Zutaten gründlich vermischen.

Heizen Sie Ihren Grill auf niedrige Hitze vor und fetten Sie die Roste ein.

Den Gemüsegrill für 12 Minuten pro Seite schichten, bis er einmal zart ist.

Mit den Marinade-/Dressing-Zutaten bestreichen

Gegrillter Grünkohl und Römersalat

Zutaten

1 Bund Grünkohl

1 Bund Römersalatblätter

2 mittelgroße Karotten, längs einschneiden und halbieren

4 große Tomaten, dick geschnitten

1/3 Tasse italienische Petersilie oder Basilikum, fein gehackt

Dressing-Zutaten

6 EL. Natives Olivenöl extra

Meersalz nach Geschmack

3 EL. Balsamico Essig

1 Teelöffel. dijon Senf

Alle Dressing-Zutaten gründlich vermischen.

Heizen Sie Ihren Grill auf niedrige Hitze vor und fetten Sie die Roste ein.

Den Gemüsegrill für 12 Minuten pro Seite schichten, bis er einmal zart ist.

Mit den Marinade-/Dressing-Zutaten bestreichen

Gegrillte Rüben und Karotten

Zutaten

5 Stk. Rüben

1 Bund Römersalatblätter

2 mittelgroße Karotten, längs einschneiden und halbieren

4 große Tomaten, dick geschnitten

1/3 Tasse italienische Petersilie oder Basilikum, fein gehackt

Dressing-Zutaten:

6 EL. Natives Olivenöl extra

1 Teelöffel. Zwiebelpulver

Meersalz nach Geschmack

3 EL. destillierter weißer Essig

1 Teelöffel. dijon Senf

Alle Dressing-Zutaten gründlich vermischen.

Heizen Sie Ihren Grill auf niedrige Hitze vor und fetten Sie die Roste ein.

Den Gemüsegrill für 12 Minuten pro Seite schichten, bis er einmal zart ist.

Mit den Marinade-/Dressing-Zutaten bestreichen

Gegrillte Babykarotten und Zwiebeln

Zutaten

8 Stk. Baby Karotten

1 große rote Zwiebel, in 1/2 Zoll dicke Runden geschnitten

1/3 Tasse italienische Petersilie oder Basilikum, fein gehackt

Dressing-Zutaten

6 EL. Natives Olivenöl extra

Meersalz nach Geschmack

1 Teelöffel. Zwiebelpulver

1/2 TL. Kräuter der Provence

3 EL. Weißweinessig

1 Teelöffel. dijon Senf

Alle Dressing-Zutaten gründlich vermischen.

Heizen Sie Ihren Grill auf niedrige Hitze vor und fetten Sie die Roste ein.

Den Gemüsegrill für 12 Minuten pro Seite schichten, bis er einmal zart ist.

Mit den Marinade-/Dressing-Zutaten bestreichen

Gegrillter Babymais und Broccolini-Röschen

Zutaten

10 Stk. Maiskölbchen

10 Brokkolini-Röschen

10 Stk. Rosenkohl

1 große rote Zwiebel, in 1/2 Zoll dicke Runden geschnitten

1/3 Tasse italienische Petersilie oder Basilikum, fein gehackt

Dressing-Zutaten

6 EL. Olivenöl

3 Spritzer Tabasco scharfe Sauce

Meersalz nach Geschmack

3 EL. Weißweinessig

1 Teelöffel. Eifreie Mayonnaise

Alle Dressing-Zutaten gründlich vermischen.

Heizen Sie Ihren Grill auf niedrige Hitze vor und fetten Sie die Roste ein.

Den Gemüsegrill für 12 Minuten pro Seite schichten, bis er einmal zart ist.

Mit den Marinade-/Dressing-Zutaten bestreichen

Gegrillte Artischockenherzen

Zutaten

1 Tasse Artischockenherzen

1 Bund Römersalatblätter

2 mittelgroße Karotten, längs einschneiden und halbieren

4 große Tomaten, dick geschnitten

1 große rote Zwiebel, in 1/2 Zoll dicke Runden geschnitten

1/3 Tasse italienische Petersilie oder Basilikum, fein gehackt

Dressing-Zutaten

6 EL. Olivenöl

1 Teelöffel. Knoblauchpulver

1 Teelöffel. Zwiebelpulver

Meersalz nach Geschmack

3 EL. Weißweinessig

1 Teelöffel. Englischer Senf

Alle Dressing-Zutaten gründlich vermischen.

Heizen Sie Ihren Grill auf niedrige Hitze vor und fetten Sie die Roste ein.

Den Gemüsegrill für 12 Minuten pro Seite schichten, bis er einmal zart ist.

Mit den Marinade-/Dressing-Zutaten bestreichen

Gegrillte Rote Bete und Spargel

Zutaten

5 Stk. Rüben

10 Stk. Spargel

1 Bund Römersalatblätter

2 mittelgroße Karotten, längs einschneiden und halbieren

4 große Tomaten, dick geschnitten

1 Pfund grüne Paprika, in breite Streifen geschnitten

1 große rote Zwiebel, in 1/2 Zoll dicke Runden geschnitten

1/3 Tasse italienische Petersilie oder Basilikum, fein gehackt

Dressing-Zutaten

6 EL. Natives Olivenöl extra

Meersalz nach Geschmack

3 EL. Apfelessig

1 EL. Honig

1 Teelöffel. Eifreie Mayonnaise

Alle Dressing-Zutaten gründlich vermischen.

Heizen Sie Ihren Grill auf niedrige Hitze vor und fetten Sie die Roste ein.

Den Gemüsegrill für 12 Minuten pro Seite schichten, bis er einmal zart ist.

Mit den Marinade-/Dressing-Zutaten bestreichen

Gegrillter Grünkohl

Zutaten

1 Bund Grünkohl

1/3 Tasse italienische Petersilie oder Basilikum, fein gehackt

Dressing-Zutaten

6 EL. Natives Olivenöl extra

Meersalz nach Geschmack

3 EL. Balsamico Essig

1 Teelöffel. dijon Senf

Alle Dressing-Zutaten gründlich vermischen.

Heizen Sie Ihren Grill auf niedrige Hitze vor und fetten Sie die Roste ein.

Den Gemüsegrill für 12 Minuten pro Seite schichten, bis er einmal zart ist.

Mit den Marinade-/Dressing-Zutaten bestreichen

Gegrillte Artischocke

Zutaten

1 Stk. Artischocke

1/3 Tasse italienische Petersilie oder Basilikum, fein gehackt

Dressing-Zutaten:

6 EL. Natives Olivenöl extra

1 Teelöffel. Zwiebelpulver

Meersalz nach Geschmack

3 EL. destillierter weißer Essig

1 Teelöffel. dijon Senf

Alle Dressing-Zutaten gründlich vermischen.

Heizen Sie Ihren Grill auf niedrige Hitze vor und fetten Sie die Roste ein.

Den Gemüsegrill für 12 Minuten pro Seite schichten, bis er einmal zart ist.

Mit den Marinade-/Dressing-Zutaten bestreichen

Gegrillte Okra und Spargel

Zutaten

10 Stk. Okra

10 Stk. Spargel

1 Bund Römersalatblätter

2 mittelgroße Karotten, längs einschneiden und halbieren

4 große Tomaten, dick geschnitten

Dressing-Zutaten

6 EL. Olivenöl

1 Teelöffel. Knoblauchpulver

1 Teelöffel. Zwiebelpulver

Meersalz nach Geschmack

3 EL. Weißweinessig

1 Teelöffel. Englischer Senf

Alle Dressing-Zutaten gründlich vermischen.

Heizen Sie Ihren Grill auf niedrige Hitze vor und fetten Sie die Roste ein.

Den Gemüsegrill für 12 Minuten pro Seite schichten, bis er einmal zart ist.

Mit den Marinade-/Dressing-Zutaten bestreichen

Gegrillter Kohl und Römersalat

Zutaten

1 mittelgroßer Kohl in Scheiben geschnitten

1 Bund Römersalatblätter

2 mittelgroße Karotten, längs einschneiden und halbieren

4 große Tomaten, dick geschnitten

1 große rote Zwiebel, in 1/2 Zoll dicke Runden geschnitten

1/3 Tasse italienische Petersilie oder Basilikum, fein gehackt

Dressing-Zutaten

6 EL. Olivenöl

3 Spritzer Tabasco scharfe Sauce

Meersalz nach Geschmack

3 EL. Weißweinessig

1 Teelöffel. Eifreie Mayonnaise

Alle Dressing-Zutaten gründlich vermischen.

Heizen Sie Ihren Grill auf niedrige Hitze vor und fetten Sie die Roste ein.

Den Gemüsegrill für 12 Minuten pro Seite schichten, bis er einmal zart ist.

Mit den Marinade-/Dressing-Zutaten bestreichen

Gegrillte Edamame-Bohnen und Paprika

Zutaten

20 Stk. Edamame bohnen

1 Pfund grüne Paprika, in breite Streifen geschnitten

1 große rote Zwiebel, in 1/2 Zoll dicke Runden geschnitten

1/3 Tasse italienische Petersilie oder Basilikum, fein gehackt

Dressing-Zutaten

6 EL. Natives Olivenöl extra

Meersalz nach Geschmack

3 EL. Balsamico Essig

1 Teelöffel. dijon Senf

Alle Dressing-Zutaten gründlich vermischen.

Heizen Sie Ihren Grill auf niedrige Hitze vor und fetten Sie die Roste ein.

Den Gemüsegrill für 12 Minuten pro Seite schichten, bis er einmal zart ist.

Mit den Marinade-/Dressing-Zutaten bestreichen

Gegrillte Babykarotten und grüne Paprika

Zutaten

8 Stk. Baby Karotten

1 Pfund grüne Paprika, in breite Streifen geschnitten

10 Brokkolini-Röschen

10 Stk. Rosenkohl

1 große rote Zwiebel, in 1/2 Zoll dicke Runden geschnitten

1/3 Tasse italienische Petersilie oder Basilikum, fein gehackt

Dressing-Zutaten

6 EL. Natives Olivenöl extra

Meersalz nach Geschmack

1 Teelöffel. Zwiebelpulver

1/2 TL. Kräuter der Provence

3 EL. Weißweinessig

1 Teelöffel. dijon Senf

Alle Dressing-Zutaten gründlich vermischen.

Heizen Sie Ihren Grill auf niedrige Hitze vor und fetten Sie die Roste ein.

Den Gemüsegrill für 12 Minuten pro Seite schichten, bis er einmal zart ist.

Mit den Marinade-/Dressing-Zutaten bestreichen

Gegrillte Artischockenherzen und Babymais mit Honigvinaigrette

Zutaten

1 Tasse Artischockenherzen

10 Stk. Maiskölbchen

1 Bund Römersalatblätter

2 mittelgroße Karotten, längs einschneiden und halbieren

4 große Tomaten, dick geschnitten

1/3 Tasse italienische Petersilie oder Basilikum, fein gehackt

Dressing-Zutaten

6 EL. Natives Olivenöl extra

Meersalz nach Geschmack

3 EL. Apfelessig

1 EL. Honig

1 Teelöffel. Eifreie Mayonnaise

Alle Dressing-Zutaten gründlich vermischen.

Heizen Sie Ihren Grill auf niedrige Hitze vor und fetten Sie die Roste ein.

Den Gemüsegrill für 12 Minuten pro Seite schichten, bis er einmal zart ist.

Mit den Marinade-/Dressing-Zutaten bestreichen

Gegrillte Grünkohl-Rüben und Karotten

Zutaten

1 Bund Grünkohl

5 Stk. Rüben

2 mittelgroße Karotten, längs einschneiden und halbieren

4 große Tomaten, dick geschnitten

1 große rote Zwiebel, in 1/2 Zoll dicke Runden geschnitten

1/3 Tasse italienische Petersilie oder Basilikum, fein gehackt

Dressing-Zutaten:

6 EL. Natives Olivenöl extra

1 Teelöffel. Zwiebelpulver

Meersalz nach Geschmack

3 EL. destillierter weißer Essig

1 Teelöffel. dijon Senf

Alle Dressing-Zutaten gründlich vermischen.

Heizen Sie Ihren Grill auf niedrige Hitze vor und fetten Sie die Roste ein.

Den Gemüsegrill für 12 Minuten pro Seite schichten, bis er einmal zart ist.

Mit den Marinade-/Dressing-Zutaten bestreichen

Gegrillte Okra und Artischocke

Zutaten

10 Stk. Okra

1 Stk. Artischocke

1 große rote Zwiebel, in 1/2 Zoll dicke Runden geschnitten

1/3 Tasse italienische Petersilie oder Basilikum, fein gehackt

Dressing-Zutaten

6 EL. Olivenöl

3 Spritzer Tabasco scharfe Sauce

Meersalz nach Geschmack

3 EL. Weißweinessig

1 Teelöffel. Eifreie Mayonnaise

Alle Dressing-Zutaten gründlich vermischen.

Heizen Sie Ihren Grill auf niedrige Hitze vor und fetten Sie die Roste ein.

Den Gemüsegrill für 12 Minuten pro Seite schichten, bis er einmal zart ist.

Mit den Marinade-/Dressing-Zutaten bestreichen

Gegrillte Kohl-Okra und rote Zwiebel

Zutaten

1 mittelgroßer Kohl in Scheiben geschnitten

10 Stk. Okra

1 große rote Zwiebel, in 1/2 Zoll dicke Runden geschnitten

1/3 Tasse italienische Petersilie oder Basilikum, fein gehackt

10 Brokkolini-Röschen

10 Stk. Rosenkohl

Dressing-Zutaten

6 EL. Olivenöl

1 Teelöffel. Knoblauchpulver

1 Teelöffel. Zwiebelpulver

Meersalz nach Geschmack

3 EL. Weißweinessig

1 Teelöffel. Englischer Senf

Alle Dressing-Zutaten gründlich vermischen.

Heizen Sie Ihren Grill auf niedrige Hitze vor und fetten Sie die Roste ein.

Den Gemüsegrill für 12 Minuten pro Seite schichten, bis er einmal zart ist.

Mit den Marinade-/Dressing-Zutaten bestreichen

Gegrillte Edamame-Bohnen und Kohl

Zutaten

20 Stk. Edamame bohnen

1 mittelgroßer Kohl in Scheiben geschnitten

1 Bund Römersalatblätter

2 mittelgroße Karotten, längs einschneiden und halbieren

4 große Tomaten, dick geschnitten

1/3 Tasse italienische Petersilie oder Basilikum, fein gehackt

Dressing-Zutaten

6 EL. Olivenöl

3 Spritzer Tabasco scharfe Sauce

Meersalz nach Geschmack

3 EL. Weißweinessig

1 Teelöffel. Eifreie Mayonnaise

Alle Dressing-Zutaten gründlich vermischen.

Heizen Sie Ihren Grill auf niedrige Hitze vor und fetten Sie die Roste ein.

Den Gemüsegrill für 12 Minuten pro Seite schichten, bis er einmal zart ist.

Mit den Marinade-/Dressing-Zutaten bestreichen

Gegrillte Artischocke, Karotten und Grünkohl

Zutaten

1 Stk. Artischocke

1 Bund Grünkohl

2 mittelgroße Karotten, längs einschneiden und halbieren

4 große Tomaten, dick geschnitten

1 große weiße Zwiebel, in 1/2-Zoll-Scheiben geschnitten

Dressing-Zutaten

6 EL. Olivenöl

3 Spritzer Tabasco scharfe Sauce

Meersalz nach Geschmack

3 EL. Weißweinessig

1 Teelöffel. Eifreie Mayonnaise

Alle Dressing-Zutaten gründlich vermischen.

Heizen Sie Ihren Grill auf niedrige Hitze vor und fetten Sie die Roste ein.

Den Gemüsegrill für 12 Minuten pro Seite schichten, bis er einmal zart ist.

Mit den Marinade-/Dressing-Zutaten bestreichen

Gegrillte Rüben und Artischockenherzen

Zutaten

5 Stk. Rüben

1 Tasse Artischockenherzen

1 Bund Römersalatblätter

2 mittelgroße Karotten, längs einschneiden und halbieren

4 große Tomaten, dick geschnitten

Dressing-Zutaten

6 EL. Olivenöl

3 Spritzer Tabasco scharfe Sauce

Meersalz nach Geschmack

3 EL. Weißweinessig

1 Teelöffel. Eifreie Mayonnaise

Alle Dressing-Zutaten gründlich vermischen.

Heizen Sie Ihren Grill auf niedrige Hitze vor und fetten Sie die Roste ein.

Den Gemüsegrill für 12 Minuten pro Seite schichten, bis er einmal zart ist.

Mit den Marinade-/Dressing-Zutaten bestreichen

Gegrillter Spargel mit englischer Senf-Vinaigrette

ZUTATEN

2 Teelöffel fein abgeriebene Zitronenschale

2 Esslöffel frischer Zitronensaft

1 Esslöffel englischer Senf

¼ Tasse natives Olivenöl extra, plus mehr

Meersalz, frisch gemahlener Pfeffer

2 große Bund dicker Spargel, getrimmt

2 Bund Frühlingszwiebeln, wenn groß halbiert

Grill auf mittlere bis hohe Hitze vorheizen.

Zitronenschale, Zitronensaft, Senf und ¼ Tasse Öl in einer Schüssel vermischen

Mit Salz und Pfeffer würzen.

Spargel und Frühlingszwiebeln in eine Pfanne geben und mit Öl beträufeln.

Mit Meersalz und Pfeffer würzen.

Etwa 4 Minuten pro Seite grillen oder bis sie weich sind.

Das Dressing über das gegrillte Gemüse streuen.

Gegrillter Knopf und Shitake-Pilz

ZUTATEN

12 Unzen. frische Champignons

4 Unzen. Shiitake Pilze

8 Unzen. kleine Karotten (ca. 6), geschrubbt, längs halbiert.

4 EL Rapsöl, geteilt

Meersalz und frisch gemahlener schwarzer Pfeffer

2 Esslöffel natriumreduzierte Sojasauce

2 Esslöffel ungewürzter Reisessig

1 Esslöffel geröstetes Sesamöl

1 Teelöffel fein geriebener geschälter Ingwer

6 Frühlingszwiebeln, diagonal in dünne Scheiben geschnitten

2 Teelöffel gerösteter Sesam

Grill auf mittlere bis hohe Hitze vorheizen.

Kombinieren Sie die Pilze und Karotten mit 3 EL. Rapsöl in eine Schüssel geben.

Mit Salz und Pfeffer würzen.

Grillen, dabei die Pilze und Karotten häufig wenden, bis sie weich sind.

Kombinieren Sie die Sojasauce, Essig, Sesamöl, Ingwer und den restlichen 1 EL. Rapsöl in eine Schüssel geben.

Schneiden Sie die Karotten in 5 cm lange Stücke

Die Champignons in mundgerechte Stücke schneiden.

Kombinieren Sie sie mit der Vinaigrette, den Frühlingszwiebeln und dem Sesam

Mit Salz und Pfeffer würzen.

Gegrillter Blumenkohl mit Chipotle

ZUTATEN

½ Tasse Olivenöl, plus mehr zum Grillen

1 großer Blumenkohlkopf (ca. 2½ Pfund), die Stiele abschneiden und die äußeren Blätter entfernen.

2 Chipotle-Chilis aus der Dose in Adobo, fein gehackt, plus 3 EL Adobo-Sauce

8 Knoblauchzehen, fein gerieben

6 EL Rotweinessig

3 Esslöffel Honig

2 Esslöffel koscheres Salz

2 Esslöffel geräucherter Paprika

1 Esslöffel getrockneter Oregano

Zitronenspalten (zum Servieren)

Bereiten Sie Ihren Grill auf mittlere bis niedrige Hitze vor und ölen Sie die Roste.

Den Blumenkohl in 4 gleiche Teile schneiden.

Chilis, Adobo-Sauce, Knoblauch, Essig, Melasse, Salz, Paprika, Oregano und die restliche ½ Tasse Olivenöl in einer mittelgroßen Schüssel vermengen.

Mit dieser Sauce eine Seite jedes Blumenkohlsteaks bestreichen und die Steaks mit der Saucenseite nach unten auf den Grill legen.

Die zweite Seite mit Sauce bestreichen.

Den Blumenkohl 7–8 Minuten grillen, bis er weich ist.

Die gekochte Seite mit Sauce beträufeln

Grillen, bis die zweite Seite weich wird, 7–8 Minuten.

Auf indirekte Hitze stellen und mit der Sauce bestreichen. C

Grillen, bis sie weich sind. Dies dauert etwa 20 Minuten.

Mit Zitronenspalten servieren.

Gegrillter Spargel mit Miso

ZUTATEN

¼ Tasse plus 2 Esslöffel Mirin (süßer japanischer Reiswein)

¼ Tasse weißes Miso

2 EL gewürzter Weißweinessig

2 Teelöffel frisch geriebener geschälter Ingwer

2 Bund Spargel (ca. 2 Pfund), getrimmt

Zitronenspalten, dünn geschnittene Frühlingszwiebeln und geröstete Sesamsamen (zum Servieren)

Meersalz nach Geschmack

Bereiten Sie Ihren Grill auf hohe Hitze vor.

Mischen Sie Mirin, Miso, Essig und Ingwer in einer Schüssel.

Den Spargel auf eine Auflaufform schichten und die Marinadenmischung darüber gießen.

Zum Kombinieren werfen.

Grillen Sie den Spargel, bis er leicht verkohlt und zart ist, 4 1/2 Minuten.

Limettensaft auspressen und mit Frühlingszwiebeln und Sesam garnieren.

Gegrillter Mais mit Poblano Chilis

ZUTATEN

Olivenöl (zum Grillen)

2 Esslöffel frischer Zitronensaft

¾ Teelöffel scharfe Sauce (wie Franks)

Meersalz

4 Maiskolben, in Schale

2 kleine Poblano-Chilis

3 Esslöffel natives Olivenöl extra

2 Frühlingszwiebeln, gehackt

Heizen Sie Ihren Grill auf mittlere Hitze vor

Ölen Sie den Rost.

Limettensaft und scharfe Sauce in eine Schüssel geben und mit Salz würzen.

Den Mais mit der Schale und den Chilis grillen.

Häufig wenden, bis die Maisschale verkohlt und die Chilis leicht verkohlt sind

Mais mit Olivenöl beträufeln.

Schneiden Sie die Kerne.

Chilis entkernen und fein hacken.

Kombinieren Sie den Mais mit den Frühlingszwiebeln

Mit Meersalz würzen.

Gegrillter Brokkoli mit milchfreiem Joghurt

ZUTATEN

2 kleine Brokkoliköpfe (ca. 1½ Pfund)

Meersalz

½ Tasse Naturjoghurt ohne Milch

1 Esslöffel Olivenöl

1 Esslöffel englischer Senf

1½ Teelöffel Kaschmir-Chili-Pulver oder Paprika

1 Teelöffel Chaat Masala

1 Teelöffel gemahlener Kreuzkümmel

1 Teelöffel gemahlene Kurkuma

Pflanzenöl (für Grill)

Die Stiele des Brokkolis abschneiden

Schneiden Sie die Stiele der Länge nach in ¼" dicke Rechtecke.

Den Kopf des Brokkolis in große Röschen zerteilen.

In einem Topf mit kochendem Salzwasser hellgrün und zart kochen. Dies dauert 2 Minuten.

Abgießen und in eine Schüssel mit Eiswasser geben.

Abtropfen lassen und trocken tupfen.

Mischen Sie milchfreien Joghurt, Olivenöl, Senf, Chilipulver, Chaat Masala, Kreuzkümmel und Kurkuma in einer großen Schüssel.

Brokkoli dazugeben und mit der flüssigen Mischung vermischen.

Mit Meersalz würzen.

Bereiten Sie Ihren Grill auf mittlere bis hohe Hitze vor.

Den Brokkoli grillen, bis er stellenweise leicht verkohlt ist, 6 Minuten.

Gegrillte Champignons mit Mandel-Zitronen-Dip

ZUTATEN

1½ Tassen ganze blanchierte Mandeln

1 Esslöffel frischer Zitronensaft

4 Esslöffel natives Olivenöl extra, geteilt

1 Esslöffel plus 2 Teelöffel Sherry-Essig, geteilt

Meersalz

1 Pfund frische Champignons, Stiele abgeschnitten, längs halbiert

Frisch gemahlener schwarzer Pfeffer

Heizen Sie Ihren Backofen auf 350 ° vor.

6 Mandeln zum Garnieren beiseite legen.

Restliche Nüsse in einer Auflaufform rösten, häufig schwenken.

goldbraun und aromatisch rösten. Dies dauert etwa 8–10 Minuten.

In einem Mixer die Mandeln fein zermahlen.

Zitronensaft hinzufügen, 2 EL. Öl, 1 EL. Essig und ½ Tasse Wasser.

Mischen Sie, indem Sie mehr Wasser hinzufügen, bis der Dip ziemlich glatt wird

Mit Salz.

Bereiten Sie Ihren Grill auf mittlere bis hohe Hitze vor.

Kombinieren Sie Pilze und die restlichen 2 EL. Öl in eine Schüssel geben.

Mit Salz und Pfeffer würzen.

Die Champignons grillen, bis sie weich und verkohlt sind. Dies dauert etwa 5 Minuten.

Die Champignons in die Schüssel geben und mit den restlichen 2 TL vermischen. Essig.

Champignons mit dem Dip servieren und mit Mandeln garnieren.

Super einfach gegrillte Fenchelknollen

ZUTATEN

4 mittelgroße Fenchelknollen (insgesamt etwa 3 Pfund), längs in Scheiben geschnitten, ½ Zoll dick

3 Esslöffel natives Olivenöl extra

Meersalz

Frisch gemahlener Pfeffer

Fenchel mit Öl vermischen.

Mit Meersalz und Pfeffer würzen.

Fenchel bei mittlerer Hitze von jeder Seite etwa 4 Minuten grillen.

Gegrillte Rauchkarotten mit veganem Joghurt

ZUTATEN

3 Pfund Karotten mit Tops, geschrubbt, Tops auf 1 Zoll getrimmt

2 Bund Frühlingszwiebeln, Spitzen beschnitten, längs halbiert

4 Esslöffel natives Olivenöl extra, geteilt

Meersalz

1 Teelöffel Kreuzkümmelsamen

1 Serrano-Chili, fein gehackt, plus weitere zum Servieren in Scheiben geschnitten

1 Tasse Naturjoghurt ohne Milch

3 EL. frischer Limettensaft

2 Esslöffel gehackte Minze, plus Blätter zum Servieren

Spezialausrüstung

Eine Gewürzmühle oder ein Mörser und Stößel

Bereiten Sie Ihren Grill auf mittlere bis niedrige Hitze vor.

Kombinieren Sie die Karotten und Frühlingszwiebeln auf einer Backform mit Rand mit 2 EL. Olivenöl

Mit Meersalz würzen.

Grillen und zudecken, dabei häufig wenden, 15–20 Minuten.

Kreuzkümmel in einer Pfanne bei mittlerer Hitze rösten, bis er duftet.

Lassen Sie es abkühlen.

Mahlen und mischen Sie dies in einer Schüssel zusammen mit gehacktem Serrano, Joghurt, Limettensaft, gehackter Minze und den restlichen 2 EL. Öl.

Mit Meersalz würzen.

Gegrillter Zucchini-Pilz und Blumenkohl

ZUTATEN Ernährung

2 Zucchini, in Scheiben geschnitten

2 gelbe Kürbisse, in Scheiben geschnitten

1 rote Paprika, in Würfel geschnitten

1 Pfund frische Champignons, halbiert

1 rote Zwiebel, halbiert und in Scheiben geschnitten

2 Tassen Brokkoliröschen

2 Tassen Blumenkohlröschen

Vinaigrette Zutaten

leicht mit Olivenöl beträufeln

3 EL frischer Zitronensaft lemon

9 Knoblauchzehen

1 Esslöffel gehacktes frisches Basilikum

1/4 Tasse gehackte Petersilie

¼ Teelöffel Oregano

Meersalz

Pfeffer

Mit Gemüse auf 2 Stück Alufolie schichten.

Vinaigrette-Zutaten mischen, über das Gemüse träufeln.

Decken Sie die Alufolie ab und versiegeln Sie sie

Zugedeckt bei mittlerer Hitze eine halbe Stunde grillen.

Während des gesamten Garvorgangs die Alufolienpäckchen einmal wenden.

Gegrillter Blumenkohl-Brokkoli und Spargel

Zutaten

Blumenkohl

Brokkoli

Spargel

½ Tasse natives Olivenöl extra

1/2 TL italienisches Gewürz

Meersalz und Pfeffer nach Geschmack

1/2 frische Zitrone

Gemüse waschen, abtropfen lassen und schneiden.

Für den Marinade-Mähdrescher:

Olivenöl (1/8 Tasse)

Toskanisches Kräuter-Olivenöl (1/8 Tasse)

Italienische Gewürze (1/2 TL)

Meersalz und Pfeffer nach Geschmack.

Marinieren Sie die Blumenkohl- und Brokkoliröschen mit den Marinadenzutaten 45 Minuten lang in einem Reißverschlussbeutel bei Raumtemperatur.

Das Olivenöl über den Spargel streuen.

Mit 3/4 TL würzen. Pfeffer und etwas Meersalz nach Geschmack

Den Grill auf mittlere Hitze vorheizen

Grillen, bis das Gemüse zart und knusprig wird.

Den Zitronensaft über das Gemüse pressen

Gegrillte Karotten mit Honig-Ingwer-Glasur

Zutaten

Vinaigrette Zutaten

1/4 Tasse Honig

1/4 Tasse Sojasauce

2 Teelöffel frisch gehackter Knoblauch, ca. 1 mittelgroße Nelke

1/2 Teelöffel fein geriebener frischer Ingwer

1/4 Teelöffel zerdrückte Paprikaflocken

Für die Karotten:

3 große Karotten, geschält und schräg in 3/4-Zoll-Scheiben geschnitten

3 Esslöffel natives Olivenöl extra

1 Frühlingszwiebel, in dünne Scheiben geschnitten

Meersalz

Kombinieren Sie die Vinaigrette-Zutaten.

Die Karottenscheiben mit Öl in einer Schüssel mischen.

Mit Meersalz würzen.

Heizen Sie Ihren Grill vor und schichten Sie die Karotten auf die Seite des Grills, um ihn 45 Minuten lang bei indirekter Hitze sanft zu garen.

Stellen Sie sicher, dass Sie die Karotten alle 15 Minuten wenden.

Mit Vinaigrette bestreichen und grillen.

3 weitere Minuten kochen und in eine Schüssel geben.

Mit Vinaigrette beträufeln und mit Frühlingszwiebeln garnieren

Gegrillte spiralförmige Auberginen mit Tomaten

Zutaten

Füllzutaten

1 1/2 Tassen milchfreier Joghurt

1/2 Tasse fein veganer Käse

1 Esslöffel frischer Saft von 1 Zitrone

2 TL. fein gehackter frischer Oregano

1 Teelöffel fein gehackte frische Minze

1 Teelöffel fein gehackter frischer Dill

1 Teelöffel gehackter Knoblauch (ca. 1 mittelgroße Zehe)

Meersalz und frisch gemahlener schwarzer Pfeffer

Für die Auberginenröllchen:

2 große Auberginen, Enden abgeschnitten und der Länge nach in 1/4-Zoll-Scheiben geschnitten

1/3 Tasse natives Olivenöl extra

3 Roma-Tomaten, entkernt, entkernt und in 1/4-Zoll-Würfel geschnitten

1 englische Gurke, entkernt und in 1/4-Zoll-Würfel geschnitten

Meersalz und frisch gemahlener schwarzer Pfeffer

Heizen Sie Ihre Grillhitze auf mittel-hoch vor

Die Zutaten für die Füllung vermischen

Auberginen mit Olivenöl, Salz und Pfeffer beträufeln.

Auberginen bei mittlerer Hitze 2 ½ Min. grillen. jede Seite.

4 min abkühlen lassen.

Die Zutaten für die Füllung auf jeder Aubergine verteilen und mit Tomaten und Gurken belegen.

Die Auberginen zu Spiralen rollen.

Gegrillte Zucchini-Spieße

Vinaigrette Zutaten

1/4 Tasse natives Olivenöl extra

2 Esslöffel frischer Zitronensaft von 1 Zitrone, plus 1 weitere Zitrone in Spalten geschnitten zum Servieren

2 Esslöffel Weißweinessig

4 Teelöffel frisch gehackter Knoblauch (ca. 2 mittelgroße Zehen)

2 Teelöffel getrockneter Oregano

1 Teelöffel fein gehackte frische Minzblätter

Meersalz und frisch gemahlener schwarzer Pfeffer

Hauptzutaten

1 Pfund veganer Käse, in 3/4-Zoll-Würfel geschnitten

2 mittelgroße Zucchini, in 1/2-Zoll-Runden geschnitten

2 mittelgroße rote Zwiebeln, geschält und in 3/4-Zoll-Stücke geschnitten

1 Pint Traubentomaten

Holzspieße, vor Gebrauch mindestens 30 Minuten in Wasser eingeweicht

Tzatziki, zum Servieren (optional)

Pita, erwärmt, zum Servieren (optional)

Kombinieren Sie die Vinaigrette-Zutaten.

Käse, Zucchini, Zwiebel und Tomaten aufspießen.

Heizen Sie Ihren Grill auf mittel vor.

Grillen, bis der Käse schmilzt und die Zucchini für 4 Minuten oder bis sie zart werden.

Zitronensaft auspressen und mit Vinaigrette, Tzatziki und Fladenbrot servieren.

Shishito-Paprika-Spieße mit Teriyaki-Glasur-Rezept

Zutaten

1 Pfund Shishito-Paprika

Meersalz

Frisch gemahlener schwarzer Pfeffer

1/4 Tasse Teriyakisauce

Spieße die Paprika auf Sets von 2 Spießen auf und halte jeden von ihnen etwa 1 Zoll auseinander, damit sie leichter umgedreht werden können.

Heizen Sie Ihren Grill auf mittel-hoch vor.

Grillen Sie jede Paprika, bis sie auf einer Seite verkohlt ist, etwa 2 Minuten.

Paprika wenden und auf der anderen Seite grillen, ca. 2 Minuten länger.

Mit Salz und Pfeffer würzen.

Mit Teriyaki-Sauce bestreichen.

Gegrillter Radicchio mit veganem Käse

Zutaten

2 ganze Köpfe Radicchio, durch den Kern halbiert

Meersalz und frisch gemahlener schwarzer Pfeffer

1/3 Tasse zerbröckelter veganer Käse auf Tofubasis

Natives Olivenöl extra, zum Beträufeln

Saba oder Balsamico-Sirup, zum Beträufeln (siehe Hinweis)

Heizen Sie Ihren Grill auf mittlerer Höhe vor

Radicchio mit der Schnittfläche nach unten auf den Grill legen.

2 Minuten grillen, bis sie auf einer Seite leicht verkohlt sind.

Die Oberseite wenden und mit Salz und Pfeffer würzen.

Grillen Sie die andere Seite, bis sie verkohlt ist, etwa 2 Minuten länger.

Bei indirekter Hitze kochen, bis sie ganz weich sind, etwa 1 Minute länger.

Mit veganem Käse bestreuen

Mit Olivenöl und Sirup beträufeln.

Schüssel mit Avocadobohnen und Tomaten

Zutaten

1/2 Tasse herzhaft gedünstete schwarze Bohnen, erwärmt

1 Teelöffel natives Olivenöl extra

1/2 Tasse Roma-Tomaten

1/4 Tasse frische Maiskörner (von 1 Ähre)

1/2 mittelgroße reife Avocado, in dünne Scheiben geschnitten

1 mittelgroßer Rettich, sehr dünn geschnitten

2 Esslöffel frische Korianderblätter

1/4 Teelöffel Meersalz

1/8 Teelöffel schwarzer Pfeffer

Die Pfanne bei mittlerer Hitze erhitzen.

Öl in die Pfanne geben.

Tomaten in das Öl geben und etwa 3 Minuten kochen, bis sie weich, aber verkohlt sind.

Die Tomaten neben die Bohnen in eine große Schüssel geben.

Den Mais kochen und 2 ½ Minuten kochen lassen.

Legen Sie den Mais neben die Tomaten.

Avocado, Rettich und Koriander hinzufügen.

Mit Salz und Pfeffer würzen.

Quinoa-Bohnenschalen

Zutaten

2 Teelöffel natives Olivenöl extra, geteilt

1 Teelöffel Weißweinessig

1/4 TL Meersalz, geteilt

1 Tasse heiß gekochter Quinoa

1 Tasse Traubentomaten, halbiert

1/2 Tasse ungesalzene schwarze Bohnen in Dosen, gespült, abgetropft und erwärmt

2 Esslöffel gehackter Koriander, plus mehr zum Garnieren

1/2 reife Avocado, in Scheiben geschnitten

Kombinieren Sie 1 1/2 Teelöffel Öl, Essig und einen Schuss Meersalz.

Quinoa, Tomaten, Bohnen, Koriander und 1/8 Teelöffel Salz gründlich vermischen.

Diese Mischung auf 2 Schüsseln verteilen.

Eine Pfanne bei mittlerer Hitze erhitzen.

Fügen Sie den restlichen 1/2 Teelöffel Öl hinzu.

Schlage die Eier einzeln in deine Pfanne auf.

Abdecken und kochen lassen, bis das Eiweiß fest ist und das Eigelb noch flüssig ist, dauert etwa 2 bis 3 Minuten.

Das Dressing gleichmäßig über die Quinoa-Mischung gießen

Mit Eiern und Avocado garnieren.

Mit restlichem Meersalz würzen.

Mit Koriander garnieren.

Rosenkohl mit Soja-Dressing

Zutaten

2 Esslöffel Sesamöl, geteilt

4 Unzen Tempeh, in dünne Scheiben geschnitten

4 Teelöffel l Sojasauce

2 Teelöffel Sherry-Essig

1/8 Teelöffel Meersalz

2 Esslöffel gehackter frischer Koriander, geteilt

1 1/2 Tassen sehr dünn geschnittener Rosenkohl

Dünne Jalapeno-Chili-Scheiben

2 Esslöffel gehackte ungesalzene Erdnüsse, geröstet

2 Limettenspalten

Eine Pfanne auf mittlerer bis hoher Stufe erhitzen

1 EL Öl in der Pfanne erhitzen.

Tempeh hinzufügen und kochen, bis es sehr knusprig und gebräunt ist, dauert etwa 2 Minuten pro Seite.

Auf einen Teller übertragen.

Sojasauce, Essig, Salz, 1 EL Koriander und restliches Sesamöl in einer Schüssel vermischen.

Fügen Sie den Rosenkohl hinzu und mischen Sie, um zu beschichten.

Auf 2 Schüsseln verteilen.

Mit Jalapeno-Chili-Scheiben und Erdnüssen bestreuen und mit den Tempeh-Scheiben belegen.

Das restliche Dressing angießen und mit dem restlichen Koriander bestreuen.

Mit Limettenspalten servieren.

Vegane Teriyaki-Nudeln

Zutaten

¼ Tasse Sojasauce

1 Esslöffel Honig (Kokosnektar oder Kokosnuss / brauner Zucker, mehr oder weniger nach Geschmack hinzufügen)

1 Teelöffel Reisessig

½ Teelöffel Sesamöl

Prise schwarzer Pfeffer (kann zerstoßenen roten Pfeffer oder Sriracha verwenden, wenn Sie es würziger mögen)

8–9 oz Ramen-Nudeln

2 Tassen zerkleinerter Napa-Kohl oder anderes grünes Blattgemüse wie Baby Pak Choi, Spinat oder normaler Kohl

3 Karotten, Julienned

1 ganze grüne Paprika, Stiel und Samen werden weggeworfen und in dünne Scheiben geschnitten (jede Farbe reicht)

4-5 Champignons, in Scheiben geschnitten (Baby Bella, Shiitake, Button, etc.)

3 Zehen Knoblauch, gehackt

1 Tasse Zuckerschoten

3-4 Frühlingszwiebeln, in 2-Zoll-Stücke gehackt

Nudeln in einen Topf mit kochendem Wasser geben und kochen, bis die Nudeln anfangen, sich aufzulösen.

Vom Herd nehmen, abtropfen lassen und mit kaltem Wasser abspülen.

Soße zubereiten:

Kombinieren Sie die Sojasauce, Honig, Reisessig, Sesamöl und Pfeffer.

Das Öl bei mittlerer Hitze erhitzen.

Kohl, Karotten, Paprika, Champignons und Knoblauch dazugeben.

Gemüse 2 1/2 Minuten anbraten, bis es weich ist.

Zuckererbsen und Frühlingszwiebeln hinzufügen und eine weitere Minute anbraten.

Nudeln und die Hälfte der Sauce dazugeben.

Bei starker Hitze 1 ½ Minuten braten, bis die Sauce eindickt und die Nudeln bedeckt.

Fügen Sie die restliche Soße hinzu.

Vegane Spaghetti Carbonara

Zutaten

Cashew-Sauce:

1 Tasse Cashewkerne (über Nacht eingeweicht)

3/4 Tasse Gemüsebrühe

2 EL Nährhefe

3 gehackte Knoblauchzehen

1 rote Zwiebel gehackt

Meersalz

Pfeffer

Carbonara:

250 g Vollkorn-Spaghetti-Nudeln

300 g weiße Champignons (in Scheiben geschnitten)

1 Tasse grüne Erbsen (frisch oder gefroren)

1 kleine rote Zwiebel (gehackt)

3 Knoblauchzehen (gehackt)

1-2 EL natives Olivenöl extra

frische Petersilie

Meersalz

Schwarzer Pfeffer

Für den Cashew-Käse

Cashewkerne waschen und mit den restlichen Zutaten im Mixer verarbeiten.

Mischen, bis Sie eine glatte Textur haben.

Zubereitung der Spaghetti Carbonara

Kochen Sie Ihre Pasta nach Packungsanleitung.

Mit Olivenöl beträufeln.

Olivenöl in einer Pfanne bei mittlerer Hitze erhitzen.

Knoblauch dazugeben und 1 Minute unter Rühren braten.

Zwiebel und Champignons zugeben und unter Rühren braun anbraten (ca. 5 Min.).

Erbsen zugeben und weitere 3 Minuten kochen.

¼ Tasse Cashew-Käse einrühren

Mit frischer Petersilie garnieren.

Reisnudelsalat

Zutaten

Soße

3 EL Sojasauce

1 EL Reisweinessig

1 EL Honig

1 TL Zitronensaft

Salat

100 g Reisnudeln

1 Karotte

1 Zucchini

1/4 Rotkohl fein geschnitten

1 grüne Paprika fein geschnitten

1 Gelbe Paprika fein geschnitten

1 Bund frischer Koriander grob gehackt

1 kleine Handvoll Cashewkerne grob gehackt

1 TL Sesamsamen

1/2 rote Chili

Alle Saucenzutaten mischen.

Die Nudeln nach Packungsanweisung einweichen.

Mit Karotten und Zucchini mischen.

Fügen Sie das restliche fein gehackte Gemüse hinzu.

Mit der Sauce vermischen und mit Koriander, Cashewkernen, Sesam und Chili garnieren.

Vegane Spaghetti Bolognese

Zutaten

200 Gramm Spaghetti

1 mittelgroße Zucchini, spiralisiert

1 mittelgroße rote Zwiebel, gewürfelt

6 Knoblauchzehen, gehackt

2 Tassen (480 ml) Tomatensauce

2 Tassen (340 Gramm) gekochte Linsen

1 ½ Teelöffel spanischer Paprika

2 Teelöffel Oregano

2 Teelöffel Rotweinessig

½ Teelöffel Meersalz

Ein paar Pfefferkörner

Die Nudeln nach Packungsanweisung kochen.

Eine Pfanne bei mittlerer Hitze erhitzen.

Zwiebel, Knoblauch und etwas Wasser hinzufügen.

Unter Rühren braten, bis sie weich sind und die restlichen Zutaten hinzufügen add

Kochen, bis die Linsen erhitzt sind.

Die Nudeln mit den Zucchini vermengen.

Gießen Sie die Linsen-Bolognese-Sauce.

Tomaten gefüllt mit Pesto

Zutaten

Pesto-Creme

2 große Bund Basilikum (ca. 2 Tassen leicht verpackte Blätter)

1/4 Tasse natives Olivenöl extra

1/4 Tasse rohe Cashewnüsse, eingeweicht

1 Knoblauchzehe

1 TL Nährhefe

Meersalz und Pfeffer nach Geschmack

Quinoa-Füllung

1 EL Olivenöl extra vergine

1 mittelgroße rote Zwiebel, gewürfelt

10 Unzen frischer Spinat

3 Knoblauchzehen

1/2 TL italienisches Gewürz

3 Tassen gekochte Quinoa

6 EL veganes Pesto

Meersalz

Schwarzer Pfeffer nach Geschmack

Tomaten -

6 große Tomaten (Samen und Kerne herausgeschöpft)

2 EL Olivenöl extra vergine

Meersalz und Pfeffer nach Geschmack

frischer Basilikum

Heizen Sie Ihren Ofen auf 400 Grad F vor.

Alle Pesto-Zutaten in einen Mixer geben und glatt rühren.

In einer Pfanne die Zwiebel in Olivenöl 7 Minuten anbraten oder bis sie glasig ist.

Spinat und Knoblauchzehen dazugeben und weitere 2 Minuten kochen.

Fügen Sie die gekochte Quinoa, die Pestosauce, die italienischen Gewürze, Salz und Pfeffer hinzu.

Schneiden Sie die Oberseite jeder Tomate ab. Entferne alle Samen.

Olivenöl in eine Auflaufform träufeln und darauf verteilen.

Die Tomaten in die Auflaufform geben und mit einem EL Öl über die Tomaten träufeln.

Mit Salz & Pfeffer würzen.

Die Pesto-Quinoa-Füllung in jede der Tomaten geben und die Oberseiten wieder auflegen.

30 Minuten rösten.

Mit Basilikum garnieren.

Butterkopfsalat und Erdnuss-Thai-Salat

Zutaten:

8 Unzen veganer Käse

6 bis 7 Tassen Butterkopfsalat, 3 Bündel, getrimmt

1/4 Gurke, längs halbiert, dann in dünne Scheiben geschnitten

3 Esslöffel geschnittener Schnittlauch

16 Kirschtomaten

1/2 Tasse Erdnüsse

1/4 weiße Zwiebel, in Scheiben geschnitten

Salz und Pfeffer nach Geschmack

Dressing

1 kleine Schalotte, gehackt

2 Esslöffel destillierter weißer Essig

1/4 Tasse Sesamöl

1 EL. Thai-Chili-Knoblauch-Sauce

Vorbereitung

Alle Zutaten für das Dressing in einer Küchenmaschine vermischen.

Mit den restlichen Zutaten vermengen und gut vermischen.

Schnittlauch- und Pistaziensalat

Zutaten:

7 Tassen loser Blattsalat, 3 Bündel, getrimmt

1/4 europäische oder kernlose Gurke, der Länge nach halbiert, dann in dünne Scheiben geschnitten

3 EL gehackter oder geschnittener Schnittlauch

16 Trauben

1/2 Tasse Pistazien

1/4 Zwiebel, in Scheiben geschnitten

Salz und Pfeffer nach Geschmack

6 Unzen veganer Käse

Dressing

1 Zweig Petersilie, gehackt

1 Esslöffel destillierter weißer Essig

1/4 Zitrone, entsaftet, ca. 2 Teelöffel

1/4 Tasse natives Olivenöl extra

Vorbereitung

Alle Zutaten für das Dressing in einer Küchenmaschine vermischen.

Mit den restlichen Zutaten vermengen und gut vermischen.

Salat-Mandel-Veganer Frischkäse-Salat

Zutaten:

7 Tassen Friseesalat, 3 Bündel, getrimmt

½ Gurke, längs halbiert, dann in dünne Scheiben geschnitten

3 EL gehackter oder geschnittener Schnittlauch

16 Kirschtomaten

1/2 Tasse gehobelte Mandeln

1/4 rote Zwiebel, in Scheiben geschnitten

Salz und Pfeffer nach Geschmack

7 Unzen veganer Frischkäse

Dressing

1 kleine Schalotte, gehackt

1 Esslöffel destillierter weißer Essig

1/4 Zitrone, entsaftet, ca. 2 Teelöffel

1/4 Tasse natives Olivenöl extra

1 EL. Chimichurri Sauce

Vorbereitung

Alle Zutaten für das Dressing in einer Küchenmaschine vermischen.

Mit den restlichen Zutaten vermengen und gut vermischen.

Boston Salat und Tomatensalat d

Zutaten:

6 bis 7 Tassen Boston-Salat, 3 Bündel, getrimmt

1/4 Gurke, längs halbiert, dann in dünne Scheiben geschnitten

3 EL gehackter oder geschnittener Schnittlauch

16 Kirschtomaten

1/2 Tasse gehobelte Mandeln

1/4 rote Zwiebel, in Scheiben geschnitten

Salz und Pfeffer nach Geschmack

5 Unzen veganer Käse

Dressing

1 Zweig Petersilie, gehackt

1 Esslöffel destillierter weißer Essig

1/4 Zitrone, entsaftet, ca. 2 Teelöffel

1/4 Tasse natives Olivenöl extra

Vorbereitung

Alle Zutaten für das Dressing in einer Küchenmaschine vermischen.

Mit den restlichen Zutaten vermengen und gut vermischen.

Salat und Tomaten mit Koriander-Vinaigrette

Zutaten:

6 bis 7 Tassen Eisbergsalat, 3 Bündel, getrimmt

1/4 Gurke, längs halbiert, dann in dünne Scheiben geschnitten

3 EL gehackter oder geschnittener Schnittlauch

16 Kirschtomaten

1/2 Tasse gehobelte Mandeln

1/4 weiße Zwiebel, in Scheiben geschnitten

Salz und Pfeffer nach Geschmack

8 Unzen veganer Käse

Dressing

1 Zweig Koriander, gehackt

1 Esslöffel destillierter weißer Essig

1/4 Zitrone, entsaftet, ca. 2 Teelöffel

1/4 Tasse natives Olivenöl extra

Vorbereitung

Alle Zutaten für das Dressing in einer Küchenmaschine vermischen.

Mit den restlichen Zutaten vermengen und gut vermischen.

Gemischter Grün- und Mandelsalat

Zutaten:

7 Tassen Mesclun, 3 Bündel, getrimmt

1/4 Gurke, längs halbiert, dann in dünne Scheiben geschnitten

3 EL gehackter oder geschnittener Schnittlauch

16 Kirschtomaten

1/2 Tasse gehobelte Mandeln

1/4 weiße Zwiebel, in Scheiben geschnitten

Salz und Pfeffer nach Geschmack

8 Unzen veganer Käse

Dressing

1 Esslöffel destillierter weißer Essig

1/4 Zitrone, entsaftet, ca. 2 Teelöffel

1/4 Tasse natives Olivenöl extra

1 Teelöffel. Englischer Senf

Vorbereitung

Alle Zutaten für das Dressing in einer Küchenmaschine vermischen.

Mit den restlichen Zutaten vermengen und gut vermischen.

Kerbel und veganer Ricottasalat

Zutaten:
6 bis 7 Tassen Kerbel, 3 Bündel, getrimmt

1/4 Gurke, längs halbiert, dann in dünne Scheiben geschnitten

16 Trauben

1/2 Tasse gehobelte Mandeln

1/4 weiße Zwiebel, in Scheiben geschnitten

Salz und Pfeffer nach Geschmack

8 Unzen Tofu-Ricotta-Käse (Tofitti)

Dressing
1 Esslöffel destillierter weißer Essig

1/4 Zitrone, entsaftet, ca. 2 Teelöffel

1/4 Tasse natives Olivenöl extra

1 EL. Chimichurri Sauce

Vorbereitung
Alle Zutaten für das Dressing in einer Küchenmaschine vermischen.

Mit den restlichen Zutaten vermengen und gut vermischen.

Bib-Salat-Walnuss- und veganer Parmesan-Salat

Zutaten:

6 bis 7 Tassen Lätzchensalat, 3 Bündel, getrimmt

1/4 Gurke, längs halbiert, dann in dünne Scheiben geschnitten

3 EL gehackter oder geschnittener Schnittlauch

16 Tomatillos, halbiert

1/2 Tasse Walnüsse

1/4 rote Zwiebel, in Scheiben geschnitten

Salz und Pfeffer nach Geschmack

Veganer Parmesankäse (Angel Food)

Dressing

1 Esslöffel destillierter weißer Essig

1/4 Zitrone, entsaftet, ca. 2 Teelöffel

1/4 Tasse natives Olivenöl extra

1 Teelöffel. eifreie Mayonnaise

Vorbereitung

Alle Zutaten für das Dressing in einer Küchenmaschine vermischen.

Mit den restlichen Zutaten vermengen und gut vermischen.

Endiviensalat Tomatillo und veganer Ricottasalat

Zutaten:
6 bis 7 Tassen Endiviensalat, 3 Bündel, getrimmt

1/4 Gurke, längs halbiert, dann in dünne Scheiben geschnitten

3 EL gehackter oder geschnittener Schnittlauch

16 grüne Tomaten, halbiert

1/2 Tasse gehobelte Mandeln

1/4 weiße Zwiebel, in Scheiben geschnitten

Salz und Pfeffer nach Geschmack

8 Unzen Tofu-Ricotta-Käse (Tofitti)

Dressing
1 Esslöffel destillierter weißer Essig

1/4 Zitrone, entsaftet, ca. 2 Teelöffel

1/4 Tasse natives Olivenöl extra

1 Teelöffel. dijon Senf

Vorbereitung
Alle Zutaten für das Dressing in einer Küchenmaschine vermischen.

Mit den restlichen Zutaten vermengen und gut vermischen.

Grünkohl-Tomaten-Veganer Parmesan-Salat

Zutaten:

6 bis 7 Tassen Grünkohlsalat, 3 Bündel, getrimmt

1/4 Gurke, längs halbiert, dann in dünne Scheiben geschnitten

3 EL gehackter oder geschnittener Schnittlauch

16 Kirschtomaten

1/2 Tasse gehobelte Mandeln

1/4 weiße Zwiebel, in Scheiben geschnitten

Salz und Pfeffer nach Geschmack

Veganer Parmesankäse (Angel Food)

Dressing

1 Zweig Koriander, gehackt

1 Esslöffel destillierter weißer Essig

1/4 Zitrone, entsaftet, ca. 2 Teelöffel

1/4 Tasse natives Olivenöl extra

1 Teelöffel. eifreie Mayonnaise

Vorbereitung

Alle Zutaten für das Dressing in einer Küchenmaschine vermischen.

Mit den restlichen Zutaten vermengen und gut vermischen.

Spinattomatillos und Mandelsalat

Zutaten:

6 bis 7 Tassen Spinatsalat, 3 Bündel, getrimmt

1/4 Gurke, längs halbiert, dann in dünne Scheiben geschnitten

3 EL gehackter oder geschnittener Schnittlauch

16 Tomatillos, halbiert

1/2 Tasse gehobelte Mandeln

1/4 weiße Zwiebel, in Scheiben geschnitten

Salz und Pfeffer nach Geschmack

8 Unzen veganer Käse

Dressing

1 Zweig Koriander, gehackt

1 Esslöffel destillierter weißer Essig

1/4 Zitrone, entsaftet, ca. 2 Teelöffel

1/4 Tasse natives Olivenöl extra

1 Teelöffel. Englischer Senf

Vorbereitung

Alle Zutaten für das Dressing in einer Küchenmaschine vermischen.

Mit den restlichen Zutaten vermengen und gut vermischen.

Grünkohl-Tomaten-Mandel-Salat

Zutaten:

6 bis 7 Tassen Grünkohl, 3 Bündel, getrimmt

1/4 Gurke, längs halbiert, dann in dünne Scheiben geschnitten

3 EL gehackter oder geschnittener Schnittlauch

16 Kirschtomaten

1/2 Tasse gehobelte Mandeln

1/4 weiße Zwiebel, in Scheiben geschnitten

Salz und Pfeffer nach Geschmack

8 Unzen veganer Käse

Dressing

1 Zweig Koriander, gehackt

1 Esslöffel destillierter weißer Essig

1/4 Zitrone, entsaftet, ca. 2 Teelöffel

1/4 Tasse natives Olivenöl extra

1 Teelöffel. Englischer Senf

Vorbereitung

Alle Zutaten für das Dressing in einer Küchenmaschine vermischen.

Mit den restlichen Zutaten vermengen und gut vermischen.

Gemischter grüner Mandel- und veganer Ricotta-Salat

Zutaten:

6 bis 7 Tassen Mesclun, 3 Bündel, getrimmt

1/4 Gurke, längs halbiert, dann in dünne Scheiben geschnitten

3 EL gehackter oder geschnittener Schnittlauch

16 grüne Tomaten, halbiert

1/2 Tasse gehobelte Mandeln

1/4 weiße Zwiebel, in Scheiben geschnitten

Salz und Pfeffer nach Geschmack

8 Unzen Tofu-Ricotta-Käse (Tofitti)

Dressing

1 Esslöffel destillierter weißer Essig

1/4 Zitrone, entsaftet, ca. 2 Teelöffel

1/4 Tasse natives Olivenöl extra

1 Teelöffel. dijon Senf

Vorbereitung

Alle Zutaten für das Dressing in einer Küchenmaschine vermischen.

Mit den restlichen Zutaten vermengen und gut vermischen.

Endivien-Tomaten-Mandel-Salat

Zutaten:

6 bis 7 Tassen Endiviensalat, 3 Bündel, getrimmt

1/4 Gurke, längs halbiert, dann in dünne Scheiben geschnitten

3 EL gehackter oder geschnittener Schnittlauch

16 Kirschtomaten

1/2 Tasse gehobelte Mandeln

1/4 weiße Zwiebel, in Scheiben geschnitten

Salz und Pfeffer nach Geschmack

Veganer Parmesankäse (Angel Food)

Dressing

1 Zweig Koriander, gehackt

1 Esslöffel destillierter weißer Essig

1/4 Zitrone, entsaftet, ca. 2 Teelöffel

1/4 Tasse natives Olivenöl extra

1 Teelöffel. Englischer Senf

Vorbereitung

Alle Zutaten für das Dressing in einer Küchenmaschine vermischen.

Mit den restlichen Zutaten vermengen und gut vermischen.

Grünkohl-Tomatillo-Mandel-Salat

Zutaten:

6 bis 7 Tassen Grünkohl, 3 Bündel, getrimmt

1/4 Gurke, längs halbiert, dann in dünne Scheiben geschnitten

3 EL gehackter oder geschnittener Schnittlauch

16 Tomatillos, halbiert

1/2 Tasse gehobelte Mandeln

1/4 weiße Zwiebel, in Scheiben geschnitten

Salz und Pfeffer nach Geschmack

8 Unzen Tofu-Ricotta-Käse (Tofitti)

Dressing

1 Esslöffel destillierter weißer Essig

1/4 Zitrone, entsaftet, ca. 2 Teelöffel

1/4 Tasse natives Olivenöl extra

1 Teelöffel. eifreie Mayonnaise

Vorbereitung

Alle Zutaten für das Dressing in einer Küchenmaschine vermischen.

Mit den restlichen Zutaten vermengen und gut vermischen.

Escarole-Mandel-Tomaten-Salat

Zutaten:

6 bis 7 Tassen Eskariol, 3 Bündel, getrimmt

1/4 Gurke, längs halbiert, dann in dünne Scheiben geschnitten

3 EL gehackter oder geschnittener Schnittlauch

16 Kirschtomaten

1/2 Tasse gehobelte Mandeln

1/4 weiße Zwiebel, in Scheiben geschnitten

Salz und Pfeffer nach Geschmack

8 Unzen veganer Käse

Dressing

1 Zweig Koriander, gehackt

1 Esslöffel destillierter weißer Essig

1/4 Zitrone, entsaftet, ca. 2 Teelöffel

1/4 Tasse natives Olivenöl extra

1 Teelöffel. Englischer Senf

Vorbereitung

Alle Zutaten für das Dressing in einer Küchenmaschine vermischen.

Mit den restlichen Zutaten vermengen und gut vermischen.

Endivien-Tomatillo-Mandel-Salat

Zutaten:

6 bis 7 Tassen Endiviensalat, 3 Bündel, getrimmt

1/4 Gurke, längs halbiert, dann in dünne Scheiben geschnitten

3 EL gehackter oder geschnittener Schnittlauch

16 Tomatillos, halbiert

1/2 Tasse gehobelte Mandeln

1/4 weiße Zwiebel, in Scheiben geschnitten

Salz und Pfeffer nach Geschmack

Veganer Parmesankäse (Angel Food)

Dressing

1 Esslöffel destillierter weißer Essig

1/4 Zitrone, entsaftet, ca. 2 Teelöffel

1/4 Tasse natives Olivenöl extra

1 Teelöffel. dijon Senf

Vorbereitung

Alle Zutaten für das Dressing in einer Küchenmaschine vermischen.

Mit den restlichen Zutaten vermengen und gut vermischen.

Bib-Salat-Mandel-Kirsch-Tomaten-Salat

Zutaten:

6 bis 7 Tassen Lätzchensalat, 3 Bündel, getrimmt

1/4 Gurke, längs halbiert, dann in dünne Scheiben geschnitten

3 EL gehackter oder geschnittener Schnittlauch

16 Kirschtomaten

1/2 Tasse gehobelte Mandeln

1/4 weiße Zwiebel, in Scheiben geschnitten

Salz und Pfeffer nach Geschmack

8 Unzen Tofu-Ricotta-Käse (Tofitti)

Dressing

1 Zweig Koriander, gehackt

1 Esslöffel destillierter weißer Essig

1/4 Zitrone, entsaftet, ca. 2 Teelöffel

1/4 Tasse natives Olivenöl extra

1 Teelöffel. Englischer Senf

Vorbereitung

Alle Zutaten für das Dressing in einer Küchenmaschine vermischen.

Mit den restlichen Zutaten vermengen und gut vermischen.

Spinattomatillos und veganer Parmesansalat

Zutaten:

6 bis 7 Tassen Spinatsalat, 3 Bündel, getrimmt

1/4 Gurke, längs halbiert, dann in dünne Scheiben geschnitten

3 EL gehackter oder geschnittener Schnittlauch

16 Tomatillos, halbiert

1/2 Tasse gehobelte Mandeln

1/4 weiße Zwiebel, in Scheiben geschnitten

Salz und Pfeffer nach Geschmack

Veganer Parmesankäse (Angel Food)

Dressing

1 Zweig Koriander, gehackt

1 Esslöffel destillierter weißer Essig

1/4 Zitrone, entsaftet, ca. 2 Teelöffel

1/4 Tasse natives Olivenöl extra

1 Teelöffel. eifreie Mayonnaise

Vorbereitung

Alle Zutaten für das Dressing in einer Küchenmaschine vermischen.

Mit den restlichen Zutaten vermengen und gut vermischen.

Grünkohl-Tomaten-Veganer Parmesan-Käse-Salat

Zutaten:

6 bis 7 Tassen Grünkohlsalat, 3 Bündel, getrimmt

1/4 Gurke, längs halbiert, dann in dünne Scheiben geschnitten

3 EL gehackter oder geschnittener Schnittlauch

16 Kirschtomaten

1/2 Tasse gehobelte Mandeln

1/4 weiße Zwiebel, in Scheiben geschnitten

Salz und Pfeffer nach Geschmack

Veganer Parmesankäse (Angel Food)

Dressing

1 Zweig Koriander, gehackt

1 Esslöffel destillierter weißer Essig

1/4 Zitrone, entsaftet, ca. 2 Teelöffel

1/4 Tasse natives Olivenöl extra

1 Teelöffel. Englischer Senf

Vorbereitung

Alle Zutaten für das Dressing in einer Küchenmaschine vermischen.

Mit den restlichen Zutaten vermengen und gut vermischen.

Gemischter grüner Tomatillo- und veganer Ricotta-Käsesalat

Zutaten:

6 bis 7 Tassen Mesclun, 3 Bündel, getrimmt

1/4 Gurke, längs halbiert, dann in dünne Scheiben geschnitten

3 EL gehackter oder geschnittener Schnittlauch

16 grüne Tomaten, halbiert

1/2 Tasse gehobelte Mandeln

1/4 weiße Zwiebel, in Scheiben geschnitten

Salz und Pfeffer nach Geschmack

8 Unzen Tofu-Ricotta-Käse (Tofitti)

Dressing

1 Zweig Koriander, gehackt

1 Esslöffel destillierter weißer Essig

1/4 Zitrone, entsaftet, ca. 2 Teelöffel

1/4 Tasse natives Olivenöl extra

Vorbereitung

Alle Zutaten für das Dressing in einer Küchenmaschine vermischen.

Mit den restlichen Zutaten vermengen und gut vermischen.

Escarole-Mandel- und veganer Ricotta-Käsesalat

Zutaten:

6 bis 7 Tassen Eskariol, 3 Bündel, getrimmt

1/4 Gurke, längs halbiert, dann in dünne Scheiben geschnitten

3 EL gehackter oder geschnittener Schnittlauch

16 Tomatillos, halbiert

1/2 Tasse gehobelte Mandeln

1/4 weiße Zwiebel, in Scheiben geschnitten

Salz und Pfeffer nach Geschmack

8 Unzen Tofu-Ricotta-Käse (Tofitti)

Dressing

1 Esslöffel destillierter weißer Essig

1/4 Zitrone, entsaftet, ca. 2 Teelöffel

1/4 Tasse natives Olivenöl extra

1 Teelöffel. dijon Senf

Vorbereitung

Alle Zutaten für das Dressing in einer Küchenmaschine vermischen.

Mit den restlichen Zutaten vermengen und gut vermischen.

Endivien-Tomaten-Mandel-Salat

Zutaten:

6 bis 7 Tassen Endiviensalat, 3 Bündel, getrimmt

1/4 Gurke, längs halbiert, dann in dünne Scheiben geschnitten

3 EL gehackter oder geschnittener Schnittlauch

16 Kirschtomaten

1/2 Tasse gehobelte Mandeln

1/4 weiße Zwiebel, in Scheiben geschnitten

Salz und Pfeffer nach Geschmack

8 Unzen veganer Käse

Dressing

1 Zweig Koriander, gehackt

1 Esslöffel destillierter weißer Essig

1/4 Zitrone, entsaftet, ca. 2 Teelöffel

1/4 Tasse natives Olivenöl extra

1 Teelöffel. eifreie Mayonnaise

Vorbereitung

Alle Zutaten für das Dressing in einer Küchenmaschine vermischen.

Mit den restlichen Zutaten vermengen und gut vermischen.

Spinat-Zucchini-Mandel-Salat

Zutaten:

6 bis 7 Tassen Spinat, 3 Bündel, getrimmt

¼ Zucchini, längs halbiert, dann in dünne Scheiben geschnitten

3 EL gehackter oder geschnittener Schnittlauch

16 Kirschtomaten

1/2 Tasse gehobelte Mandeln

1/4 weiße Zwiebel, in Scheiben geschnitten

Salz und Pfeffer nach Geschmack

8 Unzen veganer Käse

Dressing

1 Esslöffel destillierter weißer Essig

1/4 Zitrone, entsaftet, ca. 2 Teelöffel

1/4 Tasse natives Olivenöl extra

1 Teelöffel. Pesto-Sauce

Vorbereitung

Alle Zutaten für das Dressing in einer Küchenmaschine vermischen.

Mit den restlichen Zutaten vermengen und gut vermischen.

Grünkohl-Gurken-Tomatillo und Tofu-Ricotta-Salat

Zutaten:

6 bis 7 Tassen Grünkohl, 3 Bündel, getrimmt

1/4 Gurke, längs halbiert, dann in dünne Scheiben geschnitten

3 EL gehackter oder geschnittener Schnittlauch

16 grüne Tomaten, halbiert

1/2 Tasse gehobelte Mandeln

1/4 weiße Zwiebel, in Scheiben geschnitten

Salz und Pfeffer nach Geschmack

8 Unzen Tofu-Ricotta-Käse (Tofitti)

Dressing

1 Zweig Koriander, gehackt

1 Esslöffel destillierter weißer Essig

1/4 Zitrone, entsaftet, ca. 2 Teelöffel

1/4 Tasse natives Olivenöl extra

1 Teelöffel. Englischer Senf

Vorbereitung

Alle Zutaten für das Dressing in einer Küchenmaschine vermischen.

Mit den restlichen Zutaten vermengen und gut vermischen.

Gemischter Grüner-Mandel-Tofu-Ricotta-Salat

Zutaten:

6 bis 7 Tassen Mesclun, 3 Bündel, getrimmt

1/4 Gurke, längs halbiert, dann in dünne Scheiben geschnitten

3 EL gehackter oder geschnittener Schnittlauch

16 Tomatillos, halbiert

1/2 Tasse gehobelte Mandeln

1/4 weiße Zwiebel, in Scheiben geschnitten

Salz und Pfeffer nach Geschmack

8 Unzen Tofu-Ricotta-Käse (Tofitti)

Dressing

1 Zweig Koriander, gehackt

1 Esslöffel destillierter weißer Essig

1/4 Zitrone, entsaftet, ca. 2 Teelöffel

1/4 Tasse natives Olivenöl extra

1 Teelöffel. eifreie Mayonnaise

Vorbereitung

Alle Zutaten für das Dressing in einer Küchenmaschine vermischen.

Mit den restlichen Zutaten vermengen und gut vermischen.

Grünkohl-Tomaten-Veganer Parmesan-Käse-Salat

Zutaten:

6 bis 7 Tassen Grünkohl, 3 Bündel, getrimmt

1/4 Gurke, längs halbiert, dann in dünne Scheiben geschnitten

3 EL gehackter oder geschnittener Schnittlauch

16 Kirschtomaten

1/2 Tasse gehobelte Mandeln

1/4 weiße Zwiebel, in Scheiben geschnitten

Salz und Pfeffer nach Geschmack

Veganer Parmesankäse (Angel Food)

Dressing

1 Zweig Koriander, gehackt

1 Esslöffel destillierter weißer Essig

1/4 Zitrone, entsaftet, ca. 2 Teelöffel

1/4 Tasse natives Olivenöl extra

1 Teelöffel. Englischer Senf

Vorbereitung

Alle Zutaten für das Dressing in einer Küchenmaschine vermischen.

Mit den restlichen Zutaten vermengen und gut vermischen.

Kerbel-Tomaten-Veganer Parmesan-Käse-Salat

Zutaten:

6 bis 7 Tassen Kerbel, 3 Bündel, getrimmt

1/4 Gurke, längs halbiert, dann in dünne Scheiben geschnitten

3 EL gehackter oder geschnittener Schnittlauch

16 Kirschtomaten

1/2 Tasse gehobelte Mandeln

1/4 weiße Zwiebel, in Scheiben geschnitten

Salz und Pfeffer nach Geschmack

Veganer Parmesankäse (Angel Food)

Dressing

1 Zweig Koriander, gehackt

1 Esslöffel destillierter weißer Essig

1/4 Zitrone, entsaftet, ca. 2 Teelöffel

1/4 Tasse natives Olivenöl extra

1 Teelöffel. Englischer Senf

Vorbereitung

Alle Zutaten für das Dressing in einer Küchenmaschine vermischen.

Mit den restlichen Zutaten vermengen und gut vermischen.

Salat mit Tomatillo und Tofu-Ricotta-Käsesalat

Zutaten:

6 bis 7 Tassen Lätzchensalat, 3 Bündel, getrimmt

1/4 Gurke, längs halbiert, dann in dünne Scheiben geschnitten

3 EL gehackter oder geschnittener Schnittlauch

16 grüne Tomaten, halbiert

1/2 Tasse gehobelte Mandeln

1/4 weiße Zwiebel, in Scheiben geschnitten

Salz und Pfeffer nach Geschmack

8 Unzen Tofu-Ricotta-Käse (Tofitti)

Dressing

1 Zweig Koriander, gehackt

1 Esslöffel destillierter weißer Essig

1/4 Zitrone, entsaftet, ca. 2 Teelöffel

1/4 Tasse natives Olivenöl extra

1 Teelöffel. eifreie Mayonnaise

Vorbereitung

Alle Zutaten für das Dressing in einer Küchenmaschine vermischen.

Mit den restlichen Zutaten vermengen und gut vermischen.

Spinat-Tomaten & Mandelsalat

Zutaten:

6 bis 7 Tassen Spinat, 3 Bündel, getrimmt

1/4 Gurke, längs halbiert, dann in dünne Scheiben geschnitten

3 EL gehackter oder geschnittener Schnittlauch

16 Kirschtomaten

1/2 Tasse gehobelte Mandeln

1/4 weiße Zwiebel, in Scheiben geschnitten

Salz und Pfeffer nach Geschmack

8 Unzen veganer Käse

Dressing

1 Zweig Koriander, gehackt

1 Esslöffel destillierter weißer Essig

1/4 Zitrone, entsaftet, ca. 2 Teelöffel

1/4 Tasse natives Olivenöl extra

1 Teelöffel. Englischer Senf

Vorbereitung

Alle Zutaten für das Dressing in einer Küchenmaschine vermischen.

Mit den restlichen Zutaten vermengen und gut vermischen.

Napa Kohl-Tomatillo und veganer Parmesan-Käse-Salat

Zutaten:

6 bis 7 Tassen Napa-Kohl, 3 Bündel, getrimmt

1/4 Gurke, längs halbiert, dann in dünne Scheiben geschnitten

3 EL gehackter oder geschnittener Schnittlauch

16 Tomatillos, halbiert

1/2 Tasse gehobelte Mandeln

1/4 weiße Zwiebel, in Scheiben geschnitten

Salz und Pfeffer nach Geschmack

Veganer Parmesankäse (Angel Food)

Dressing

1 Zweig Koriander, gehackt

1 Esslöffel destillierter weißer Essig

1/4 Zitrone, entsaftet, ca. 2 Teelöffel

1/4 Tasse natives Olivenöl extra

Vorbereitung

Alle Zutaten für das Dressing in einer Küchenmaschine vermischen.

Mit den restlichen Zutaten vermengen und gut vermischen.

Chicorée-Tomatillo-Mandel-Salat

Zutaten:

6 bis 7 Tassen Chicorée, 3 Bündel, getrimmt

1/4 Gurke, längs halbiert, dann in dünne Scheiben geschnitten

3 EL gehackter oder geschnittener Schnittlauch

16 grüne Tomaten, halbiert

1/2 Tasse gehobelte Mandeln

1/4 weiße Zwiebel, in Scheiben geschnitten

Salz und Pfeffer nach Geschmack

Veganer Parmesankäse (Angel Food)

Dressing

1 Zweig Koriander, gehackt

1 Esslöffel destillierter weißer Essig

1/4 Zitrone, entsaftet, ca. 2 Teelöffel

1/4 Tasse natives Olivenöl extra

1 Teelöffel. Englischer Senf

Vorbereitung

Alle Zutaten für das Dressing in einer Küchenmaschine vermischen.

Mit den restlichen Zutaten vermengen und gut vermischen.

Grünkohl-Tomaten und Tofu-Ricotta-Käsesalat

Zutaten:

6 bis 7 Tassen Grünkohl, 3 Bündel, getrimmt

1/4 Gurke, längs halbiert, dann in dünne Scheiben geschnitten

3 EL gehackter oder geschnittener Schnittlauch

16 Kirschtomaten

1/2 Tasse gehobelte Mandeln

1/4 weiße Zwiebel, in Scheiben geschnitten

Salz und Pfeffer nach Geschmack

8 Unzen Tofu-Ricotta-Käse (Tofitti)

Dressing

1 Zweig Koriander, gehackt

1 Esslöffel destillierter weißer Essig

1/4 Zitrone, entsaftet, ca. 2 Teelöffel

1/4 Tasse natives Olivenöl extra

1 Teelöffel. eifreie Mayonnaise

Vorbereitung

Alle Zutaten für das Dressing in einer Küchenmaschine vermischen.

Mit den restlichen Zutaten vermengen und gut vermischen.

Napa Kohl-Tomaten und Tofu-Ricotta-Käsesalat

Zutaten:

6 bis 7 Tassen Napa-Kohl, 3 Bündel, getrimmt

1/4 Gurke, längs halbiert, dann in dünne Scheiben geschnitten

3 EL gehackter oder geschnittener Schnittlauch

16 Kirschtomaten

1/2 Tasse gehobelte Mandeln

1/4 weiße Zwiebel, in Scheiben geschnitten

Salz und Pfeffer nach Geschmack

8 Unzen Tofu-Ricotta-Käse (Tofitti)

Dressing

1 Zweig Koriander, gehackt

1 Esslöffel destillierter weißer Essig

1/4 Zitrone, entsaftet, ca. 2 Teelöffel

1/4 Tasse natives Olivenöl extra

Vorbereitung

Alle Zutaten für das Dressing in einer Küchenmaschine vermischen.

Mit den restlichen Zutaten vermengen und gut vermischen.

Baby Beet Greens Tomatillos und veganer Käsesalat

Zutaten:

6 bis 7 Tassen Babyrübengrün, 3 Bündel, getrimmt

1/4 Gurke, längs halbiert, dann in dünne Scheiben geschnitten

3 EL gehackter oder geschnittener Schnittlauch

16 Tomatillos, halbiert

1/2 Tasse gehobelte Mandeln

1/4 weiße Zwiebel, in Scheiben geschnitten

Salz und Pfeffer nach Geschmack

8 Unzen veganer Käse

Dressing

1 Zweig Koriander, gehackt

1 Esslöffel destillierter weißer Essig

1/4 Zitrone, entsaftet, ca. 2 Teelöffel

1/4 Tasse natives Olivenöl extra

1 Teelöffel. Englischer Senf

Vorbereitung

Alle Zutaten für das Dressing in einer Küchenmaschine vermischen.

Mit den restlichen Zutaten vermengen und gut vermischen.

Super einfacher Römersalatsalat

Zutaten:

1 Kopf Römersalat, abgespült, getupft und zerkleinert

Dressing

1/2 Tasse Weißweinessig

1 Esslöffel natives Olivenöl extra

Frisch gemahlener schwarzer Pfeffer

3/4 Tasse fein gemahlene Mandeln

Meersalz

Vorbereitung

Alle Zutaten für das Dressing in einer Küchenmaschine vermischen.

Mit den restlichen Zutaten vermengen und gut vermischen.

Einfacher Bib-Salat-Salat

Zutaten:

1 Kopfsalat, abgespült, getupft und zerkleinert

Dressing

2 EL. Weißweinessig

4 Esslöffel Macadamiaöl

Frisch gemahlener schwarzer Pfeffer

3/4 Tasse fein gemahlene Erdnüsse

Meersalz

Vorbereitung

Alle Zutaten für das Dressing in einer Küchenmaschine vermischen.

Mit den restlichen Zutaten vermengen und gut vermischen.

Einfacher Boston-Salat

Zutaten:

1 Kopf Boston-Salat, gespült, getupft und zerkleinert

Dressing

2 EL. Apfelessig

4 Esslöffel Olivenöl

Frisch gemahlener schwarzer Pfeffer

3/4 Tasse fein grob gemahlene Walnüsse

Meersalz

Vorbereitung

Alle Zutaten für das Dressing in einer Küchenmaschine vermischen.

Mit den restlichen Zutaten vermengen und gut vermischen.

Einfacher gemischter Grünsalat

Zutaten:

Handvoll Mesclun, gespült, getupft und zerkleinert

Dressing

2 EL. Apfelessig

4 Esslöffel Olivenöl

Frisch gemahlener schwarzer Pfeffer

3/4 Tasse fein grob gemahlene Haselnüsse

Meersalz

Vorbereitung

Alle Zutaten für das Dressing in einer Küchenmaschine vermischen.

Mit den restlichen Zutaten vermengen und gut vermischen.

Lätzchensalatsalat

Zutaten:

1 Kopfsalat, abgespült, getupft und zerkleinert

Dressing

2 EL. Balsamico Essig

4 Esslöffel natives Olivenöl extra

Frisch gemahlener schwarzer Pfeffer

3/4 Tasse fein gemahlene Erdnüsse

Meersalz

Vorbereitung

Alle Zutaten für das Dressing in einer Küchenmaschine vermischen.

Mit den restlichen Zutaten vermengen und gut vermischen.

Boston-Salatsalat mit Balsamico-Glasur

Zutaten:

1 Kopf Boston-Salat, gespült, getupft und zerkleinert

Dressing

2 EL. Balsamico Essig

4 Esslöffel Macadamiaöl

Frisch gemahlener schwarzer Pfeffer

3/4 Tasse fein gemahlene Mandeln

Meersalz

Vorbereitung

Alle Zutaten für das Dressing in einer Küchenmaschine vermischen.

Mit den restlichen Zutaten vermengen und gut vermischen.

Einfacher Endiviensalat

Zutaten:

1 Endivienkopf, gespült, getupft und zerkleinert

Dressing

2 EL. Weißweinessig

4 Esslöffel natives Olivenöl extra

Frisch gemahlener schwarzer Pfeffer

3/4 Tasse fein grob gemahlene Walnüsse

Meersalz

Vorbereitung

Alle Zutaten für das Dressing in einer Küchenmaschine vermischen.

Mit den restlichen Zutaten vermengen und gut vermischen.

Gemischter Grünsalat

Zutaten:

Handvoll Mesclun, gespült, getupft und zerkleinert

Dressing

2 EL. destillierter weißer Essig

4 Esslöffel natives Olivenöl extra

Frisch gemahlener schwarzer Pfeffer

3/4 Tasse fein grob gemahlene Cashewkerne

Meersalz

Vorbereitung

Alle Zutaten für das Dressing in einer Küchenmaschine vermischen.

Mit den restlichen Zutaten vermengen und gut vermischen.

Boston-Kopfsalat und Erdnusssalat

Zutaten:
1 Kopf Boston-Salat, gespült, getupft und zerkleinert

Dressing
2 EL. Apfelessig

4 Esslöffel Olivenöl

Frisch gemahlener schwarzer Pfeffer

3/4 Tasse fein gemahlene Erdnüsse

Meersalz

Vorbereitung

Alle Zutaten für das Dressing in einer Küchenmaschine vermischen.

Mit den restlichen Zutaten vermengen und gut vermischen.

Boston-Salat mit Balsamico-Glasur

Zutaten:

1 Kopf Boston-Salat, gespült, getupft und zerkleinert

Dressing

2 EL. Balsamico Essig

4 Esslöffel Macadamiaöl

Frisch gemahlener schwarzer Pfeffer

3/4 Tasse fein grob gemahlene Haselnüsse

Meersalz

Vorbereitung

Alle Zutaten für das Dressing in einer Küchenmaschine vermischen.

Mit den restlichen Zutaten vermengen und gut vermischen.

Kopfsalat mit Walnuss-Vinaigrette

Zutaten:

1 Kopfsalat, abgespült, getupft und zerkleinert

Dressing

2 EL. destillierter weißer Essig

4 Esslöffel natives Olivenöl extra

Frisch gemahlener schwarzer Pfeffer

3/4 Tasse fein grob gemahlene Walnüsse

Meersalz

Vorbereitung

Alle Zutaten für das Dressing in einer Küchenmaschine vermischen.

Mit den restlichen Zutaten vermengen und gut vermischen.

Römersalat mit Haselnuss-Vinaigrette

Zutaten:

1 Kopf Römersalat, abgespült, getupft und zerkleinert

Dressing

2 EL. Apfelessig

4 Esslöffel natives Olivenöl extra

Frisch gemahlener schwarzer Pfeffer

3/4 Tasse fein grob gemahlene Haselnüsse

Meersalz

Vorbereitung

Alle Zutaten für das Dressing in einer Küchenmaschine vermischen.

Mit den restlichen Zutaten vermengen und gut vermischen.

Gemischtes Gemüse mit Mandel-Vinaigrette-Salat

Zutaten:

Handvoll Mesclun, gespült, getupft und zerkleinert

Dressing

2 EL. Weißweinessig

4 Esslöffel Olivenöl

Frisch gemahlener schwarzer Pfeffer

3/4 Tasse fein gemahlene Mandeln

Meersalz

Vorbereitung

Alle Zutaten für das Dressing in einer Küchenmaschine vermischen.

Mit den restlichen Zutaten vermengen und gut vermischen.

Endiviensalat mit Erdnuss-Balsamico-Vinaigrette-Salat

Zutaten:

1 Endivienkopf, gespült, getupft und zerkleinert

Dressing

2 EL. Balsamico Essig

4 Esslöffel natives Olivenöl extra

Frisch gemahlener schwarzer Pfeffer

3/4 Tasse fein gemahlene Erdnüsse

Meersalz

Vorbereitung

Alle Zutaten für das Dressing in einer Küchenmaschine vermischen.

Mit den restlichen Zutaten vermengen und gut vermischen.

Kopfsalat mit Cashew-Vinaigrette

Zutaten:

1 Kopfsalat, abgespült, getupft und zerkleinert

Dressing

2 EL. destillierter weißer Essig

4 Esslöffel Macadamiaöl

Frisch gemahlener schwarzer Pfeffer

3/4 Tasse fein grob gemahlene Cashewkerne

Meersalz

Vorbereitung

Alle Zutaten für das Dressing in einer Küchenmaschine vermischen.

Mit den restlichen Zutaten vermengen und gut vermischen.

Römersalat mit Walnuss-Vinaigrette-Salat

Zutaten:
1 Kopf Römersalat, abgespült, getupft und zerkleinert

Dressing
2 EL. Rotweinessig

1 Esslöffel natives Olivenöl extra

Frisch gemahlener schwarzer Pfeffer

3/4 Tasse fein grob gemahlene Walnüsse

Meersalz

Vorbereitung

Alle Zutaten für das Dressing in einer Küchenmaschine vermischen.

Mit den restlichen Zutaten vermengen und gut vermischen.

Gemischtes Gemüse mit Mandel-Vinaigrette-Salat

Zutaten:

Handvoll Mesclun, gespült, getupft und zerkleinert

Dressing

2 EL. Balsamico Essig

1 Esslöffel natives Olivenöl extra

Frisch gemahlener schwarzer Pfeffer

3/4 Tasse fein gemahlene Mandeln

Meersalz

Vorbereitung

Alle Zutaten für das Dressing in einer Küchenmaschine vermischen.

Mit den restlichen Zutaten vermengen und gut vermischen.

Römersalat mit Cashew-Vinaigrette-Salat

Zutaten:
1 Kopf Römersalat, abgespült, getupft und zerkleinert

Dressing
2 EL. Apfelessig

4 Esslöffel Olivenöl

Frisch gemahlener schwarzer Pfeffer

3/4 Tasse fein grob gemahlene Cashewkerne

Meersalz

Vorbereitung

Alle Zutaten für das Dressing in einer Küchenmaschine vermischen.

Mit den restlichen Zutaten vermengen und gut vermischen.

Endiviensalat mit Haselnuss-Vinaigrette-Salat

Zutaten:
1 Endivienkopf, gespült, getupft und zerkleinert

Dressing
2 EL. Weißweinessig

4 Esslöffel natives Olivenöl extra

Frisch gemahlener schwarzer Pfeffer

3/4 Tasse fein grob gemahlene Haselnüsse

Meersalz

Vorbereitung

Alle Zutaten für das Dressing in einer Küchenmaschine vermischen.

Mit den restlichen Zutaten vermengen und gut vermischen.

Kopfsalat mit Erdnuss-Vinaigrette-Salat

Zutaten:
1 Kopfsalat, abgespült, getupft und zerkleinert

Dressing

2 EL. destillierter weißer Essig

4 Esslöffel Macadamiaöl

Frisch gemahlener schwarzer Pfeffer

3/4 Tasse fein gemahlene Erdnüsse

Meersalz

Vorbereitung

Alle Zutaten für das Dressing in einer Küchenmaschine vermischen.

Mit den restlichen Zutaten vermengen und gut vermischen.

Grilles Boston-Salatsalat

Zutaten:

1 Kopf Boston-Salat, gespült, getupft und zerkleinert

Dressing

2 EL. Weißweinessig

4 Esslöffel natives Olivenöl extra

Frisch gemahlener schwarzer Pfeffer

3/4 Tasse fein gemahlene Mandeln

Meersalz

Vorbereitung

Salat und/oder Gemüse bei mittlerer Hitze grillen, bis sie leicht verkohlt sind

Alle Zutaten für das Dressing in einer Küchenmaschine vermischen.

Mit den restlichen Zutaten vermengen und gut vermischen.

Gegrillter Römersalatsalat

Zutaten:

1 Kopf Römersalat, abgespült, getupft und zerkleinert

Dressing

2 EL. Balsamico Essig

4 Esslöffel natives Olivenöl extra

Frisch gemahlener schwarzer Pfeffer

3/4 Tasse fein gemahlene Erdnüsse

Meersalz

Vorbereitung

Salat und/oder Gemüse bei mittlerer Hitze grillen, bis sie leicht verkohlt sind

Alle Zutaten für das Dressing in einer Küchenmaschine vermischen.

Mit den restlichen Zutaten vermengen und gut vermischen.

Gegrillter Römersalat und Cashew-Vinaigrette-Salat

Zutaten:
1 Kopf Römersalat, abgespült, getupft und zerkleinert

Dressing
2 EL. Rotweinessig
4 Esslöffel Olivenöl
Frisch gemahlener schwarzer Pfeffer
3/4 Tasse fein grob gemahlene Cashewkerne
Meersalz

Vorbereitung
Salat und/oder Gemüse bei mittlerer Hitze grillen, bis sie leicht verkohlt sind

Alle Zutaten für das Dressing in einer Küchenmaschine vermischen.

Mit den restlichen Zutaten vermengen und gut vermischen.

Gegrillter Römersalat und Mandel-Vinaigrette-Salat

Zutaten:

1 Kopf Römersalat, abgespült, getupft und zerkleinert

Dressing

2 EL. Rotweinessig

4 Esslöffel natives Olivenöl extra

Frisch gemahlener schwarzer Pfeffer

3/4 Tasse fein gemahlene Mandeln

Meersalz

Vorbereitung

Salat und/oder Gemüse bei mittlerer Hitze grillen, bis sie leicht verkohlt sind

Alle Zutaten für das Dressing in einer Küchenmaschine vermischen.

Mit den restlichen Zutaten vermengen und gut vermischen.

Gegrillter Napa-Kohl mit Cashew-Vinaigrette

Zutaten:
1 Kopf Napa-Kohl, gespült, getupft und zerkleinert

½ Tasse Kapern

Dressing
2 EL. Balsamico Essig

4 Esslöffel Macadamiaöl

Frisch gemahlener schwarzer Pfeffer

3/4 Tasse fein grob gemahlene Cashewkerne

Meersalz

Vorbereitung
Salat und/oder Gemüse bei mittlerer Hitze grillen, bis sie leicht verkohlt sind

Alle Zutaten für das Dressing in einer Küchenmaschine vermischen.

Mit den restlichen Zutaten vermengen und gut vermischen.

Gegrillter Boston-Salat und Cashew-Vinaigrette-Salat

Zutaten:
1 Kopf Boston-Salat, gespült, getupft und zerkleinert

½ Tasse grüne Oliven

Dressing
2 EL. Weißweinessig

4 Esslöffel natives Olivenöl extra

Frisch gemahlener schwarzer Pfeffer

3/4 Tasse fein grob gemahlene Cashewkerne

Meersalz

Vorbereitung
Salat und/oder Gemüse bei mittlerer Hitze grillen, bis sie leicht verkohlt sind

Alle Zutaten für das Dressing in einer Küchenmaschine vermischen.

Mit den restlichen Zutaten vermengen und gut vermischen.

Salat mit gegrilltem Römersalat und grünen Oliven

Zutaten:

1 Kopf Römersalat, abgespült, getupft und zerkleinert

½ Tasse grüne Oliven

Dressing

2 EL. Apfelessig

4 Esslöffel Olivenöl

Frisch gemahlener schwarzer Pfeffer

3/4 Tasse fein grob gemahlene Walnüsse

Meersalz

Vorbereitung

Salat und/oder Gemüse bei mittlerer Hitze grillen, bis sie leicht verkohlt sind

Alle Zutaten für das Dressing in einer Küchenmaschine vermischen.

Mit den restlichen Zutaten vermengen und gut vermischen.

Salat mit gegrilltem Blattsalat und grünen Oliven

Zutaten:
1 Kopfsalat, abgespült, getupft und zerkleinert

½ Tasse grüne Oliven

Dressing
2 EL. Rotweinessig

4 Esslöffel natives Olivenöl extra

Frisch gemahlener schwarzer Pfeffer

3/4 Tasse fein gemahlene Mandeln

Meersalz

Vorbereitung
Salat und/oder Gemüse bei mittlerer Hitze grillen, bis sie leicht verkohlt sind

Alle Zutaten für das Dressing in einer Küchenmaschine vermischen.

Mit den restlichen Zutaten vermengen und gut vermischen.

Gegrillter Römersalat und Grüner Kapernsalat

Zutaten:

1 Kopf Römersalat, abgespült, getupft und zerkleinert

½ Tasse grüne Kapern

Dressing

2 EL. Apfelessig

4 Esslöffel natives Olivenöl extra

Frisch gemahlener schwarzer Pfeffer

3/4 Tasse fein gemahlene Erdnüsse

Meersalz

Vorbereitung

Salat und/oder Gemüse bei mittlerer Hitze grillen, bis sie leicht verkohlt sind

Alle Zutaten für das Dressing in einer Küchenmaschine vermischen.

Mit den restlichen Zutaten vermengen und gut vermischen.

Gegrillter Römersalat und Kapernsalat

Zutaten:
1 Kopf Römersalat, abgespült, getupft und zerkleinert

½ Tasse grüne Kapern

Dressing
2 EL. Weißweinessig

4 Esslöffel natives Olivenöl extra

Frisch gemahlener schwarzer Pfeffer

3/4 Tasse fein grob gemahlene Walnüsse

Meersalz

Vorbereitung
Salat und/oder Gemüse bei mittlerer Hitze grillen, bis sie leicht verkohlt sind

Alle Zutaten für das Dressing in einer Küchenmaschine vermischen.

Mit den restlichen Zutaten vermengen und gut vermischen.

Gegrillter Boston- und Schwarzer-Oliven-Salat

Zutaten:
1 Kopf Boston-Salat, gespült, getupft und zerkleinert

½ Tasse schwarze Oliven

Dressing
2 EL. Balsamico Essig

4 Esslöffel Macadamiaöl

Frisch gemahlener schwarzer Pfeffer

3/4 Tasse fein grob gemahlene Cashewkerne

Meersalz

Vorbereitung
Salat und/oder Gemüse bei mittlerer Hitze grillen, bis sie leicht verkohlt sind

Alle Zutaten für das Dressing in einer Küchenmaschine vermischen.

Mit den restlichen Zutaten vermengen und gut vermischen.

Gegrillter Römersalat und Kalamata-Olivensalat

Zutaten:
1 Kopf Römersalat, abgespült, getupft und zerkleinert

½ Tasse Kalamata-Oliven

Dressing
2 EL. Rotweinessig

4 Esslöffel Olivenöl

Frisch gemahlener schwarzer Pfeffer

3/4 Tasse fein gemahlene Mandeln

Meersalz

Vorbereitung
Salat und/oder Gemüse bei mittlerer Hitze grillen, bis sie leicht verkohlt sind

Alle Zutaten für das Dressing in einer Küchenmaschine vermischen.

Mit den restlichen Zutaten vermengen und gut vermischen.

Römersalat mit grünen Oliven und Erdnuss-Vinaigrette

Zutaten:

1 Kopf Römersalat, abgespült, getupft und zerkleinert

½ Tasse grüne Oliven

Dressing

2 EL. Apfelessig

4 Esslöffel natives Olivenöl extra

Frisch gemahlener schwarzer Pfeffer

3/4 Tasse fein gemahlene Erdnüsse

Meersalz

Vorbereitung

Alle Zutaten für das Dressing in einer Küchenmaschine vermischen.

Mit den restlichen Zutaten vermengen und gut vermischen.

Römersalat Kapern und Mandelvinaigrette

Zutaten:

1 Kopf Römersalat, abgespült, getupft und zerkleinert

½ Tasse Kapern

Dressing

2 EL. Apfelessig

4 Esslöffel natives Olivenöl extra

Frisch gemahlener schwarzer Pfeffer

3/4 Tasse fein gemahlene Mandeln

Meersalz

Vorbereitung

Alle Zutaten für das Dressing in einer Küchenmaschine vermischen.

Mit den restlichen Zutaten vermengen und gut vermischen.

Boston-Salat mit Artischockenherzen und Cashew-Vinaigrette

Zutaten:

1 Kopf Boston-Salat, gespült, getupft und zerkleinert

½ Tasse Artischockenherzen

Dressing

2 EL. Weißweinessig

4 Esslöffel natives Olivenöl extra

Frisch gemahlener schwarzer Pfeffer

3/4 Tasse fein grob gemahlene Cashewkerne

Meersalz

Vorbereitung

Alle Zutaten für das Dressing in einer Küchenmaschine vermischen.

Mit den restlichen Zutaten vermengen und gut vermischen.

Artischocke und Artischockenherzen mit Balsamico-Glasur

Zutaten:
1 Artischocke, gespült & getupft

½ Tasse Artischockenherzen

Dressing
2 EL. Balsamico Essig

4 Esslöffel Macadamiaöl

Frisch gemahlener schwarzer Pfeffer

3/4 Tasse fein gemahlene Erdnüsse

Meersalz

Vorbereitung

Alle Zutaten für das Dressing in einer Küchenmaschine vermischen.

Mit den restlichen Zutaten vermengen und gut vermischen.

Artischocken und grüne Oliven mit Walnuss-Vinaigrette

Zutaten:

1 Artischocke, abgespült & getupft

½ Tasse grüne Oliven

Dressing

2 EL. Rotweinessig

4 Esslöffel natives Olivenöl extra

Frisch gemahlener schwarzer Pfeffer

3/4 Tasse fein grob gemahlene Walnüsse

Meersalz

Vorbereitung

Alle Zutaten für das Dressing in einer Küchenmaschine vermischen.

Mit den restlichen Zutaten vermengen und gut vermischen.

Römersalat mit schwarzen Oliven und Artischockenherzen

Zutaten:

1 Kopf Römersalat, abgespült, getupft und zerkleinert

½ Tasse schwarze Oliven

½ Tasse Artischockenherzen

Dressing

2 EL. Apfelessig

4 Esslöffel Olivenöl

Frisch gemahlener schwarzer Pfeffer

3/4 Tasse fein gemahlene Mandeln

Meersalz

Vorbereitung

Alle Zutaten für das Dressing in einer Küchenmaschine vermischen.

Mit den restlichen Zutaten vermengen und gut vermischen.

Artischockenherzen mit schwarzem Olivensalat

Zutaten:

1 Kopf Römersalat, abgespült, getupft und zerkleinert

½ Tasse schwarze Oliven

½ Tasse Artischockenherzen

Dressing

2 EL. Weißweinessig

4 Esslöffel natives Olivenöl extra

Frisch gemahlener schwarzer Pfeffer

3/4 Tasse fein gemahlene Erdnüsse

Meersalz

Vorbereitung

Alle Zutaten für das Dressing in einer Küchenmaschine vermischen.

Mit den restlichen Zutaten vermengen und gut vermischen.

Boston Lettuce Schwarzer Oliven- und Artischockenherzsalat

Zutaten:

1 Kopf Boston-Salat, gespült, getupft und zerkleinert

½ Tasse schwarze Oliven

½ Tasse Artischockenherzen

Dressing

2 EL. Rotweinessig

4 Esslöffel natives Olivenöl extra

Frisch gemahlener schwarzer Pfeffer

3/4 Tasse fein gemahlene Mandeln

Meersalz

Vorbereitung

Alle Zutaten für das Dressing in einer Küchenmaschine vermischen.

Mit den restlichen Zutaten vermengen und gut vermischen.

Römersalat mit Artischockenherz und Macadamia-Vinaigrette-Salat

Zutaten:
1 Kopf Römersalat, abgespült, getupft und zerkleinert

½ Tasse schwarze Oliven

½ Tasse Artischockenherzen

Dressing
2 EL. Balsamico Essig

4 Esslöffel Macadamiaöl

Frisch gemahlener schwarzer Pfeffer

3/4 Tasse fein grob gemahlene Cashewkerne

Meersalz

Vorbereitung

Alle Zutaten für das Dressing in einer Küchenmaschine vermischen.

Mit den restlichen Zutaten vermengen und gut vermischen.

Kopfsalat mit schwarzen Oliven und Artischockenherzsalat

Zutaten:

1 Kopfsalat, abgespült, getupft und zerkleinert

½ Tasse schwarze Oliven

½ Tasse Artischockenherzen

Dressing

2 EL. Weißweinessig

4 Esslöffel natives Olivenöl extra

Frisch gemahlener schwarzer Pfeffer

3/4 Tasse fein gemahlene Mandeln

Meersalz

Vorbereitung

Alle Zutaten für das Dressing in einer Küchenmaschine vermischen.

Mit den restlichen Zutaten vermengen und gut vermischen.

Boston-Salat mit Apfelwein-Vinaigrette

Zutaten:

1 Kopf Boston-Salat, gespült, getupft und zerkleinert

½ Tasse schwarze Oliven

½ Tasse Artischockenherzen

Dressing

2 EL. Apfelessig

4 Esslöffel natives Olivenöl extra

Frisch gemahlener schwarzer Pfeffer

3/4 Tasse fein gemahlene Erdnüsse

Meersalz

Vorbereitung

Alle Zutaten für das Dressing in einer Küchenmaschine vermischen.

Mit den restlichen Zutaten vermengen und gut vermischen.

Römersalat mit Artischockenherz und Cashew-Vinaigrette-Salat

Zutaten:

1 Kopf Römersalat, abgespült, getupft und zerkleinert

½ Tasse schwarze Oliven

½ Tasse Artischockenherzen

Dressing

2 EL. Rotweinessig

4 Esslöffel Olivenöl

Frisch gemahlener schwarzer Pfeffer

3/4 Tasse fein grob gemahlene Cashewkerne

Meersalz

Vorbereitung

Alle Zutaten für das Dressing in einer Küchenmaschine vermischen.

Mit den restlichen Zutaten vermengen und gut vermischen.

Römersalat, Artischockenherz und grüner Olivensalat

Zutaten:

1 Kopf Römersalat, abgespült, getupft und zerkleinert

½ Tasse grüne Oliven

½ Tasse Artischockenherzen

Dressing

2 EL. Rotweinessig

4 Esslöffel Macadamiaöl

Frisch gemahlener schwarzer Pfeffer

3/4 Tasse fein grob gemahlene Walnüsse

Meersalz

Vorbereitung

Alle Zutaten für das Dressing in einer Küchenmaschine vermischen.

Mit den restlichen Zutaten vermengen und gut vermischen.

Bib Kopfsalat Kalamata Oliven und Artischockenherzsalat

Zutaten:

1 Kopfsalat, abgespült, getupft und zerkleinert

½ Tasse Kalamata-Oliven

½ Tasse Artischockenherzen

Dressing

2 EL. Weißweinessig

4 Esslöffel natives Olivenöl extra

Frisch gemahlener schwarzer Pfeffer

3/4 Tasse fein gemahlene Mandeln

Meersalz

Vorbereitung

Alle Zutaten für das Dressing in einer Küchenmaschine vermischen.

Mit den restlichen Zutaten vermengen und gut vermischen.

Römersalat Baby Mais und Artischockenherzsalat

Zutaten:

1 Kopf Römersalat, abgespült, getupft und zerkleinert

½ Tasse Babymais

½ Tasse Artischockenherzen

Dressing

2 EL. Balsamico Essig

4 Esslöffel Macadamiaöl

Frisch gemahlener schwarzer Pfeffer

3/4 Tasse fein grob gemahlene Cashewkerne

Meersalz

Vorbereitung

Alle Zutaten für das Dressing in einer Küchenmaschine vermischen.

Mit den restlichen Zutaten vermengen und gut vermischen.

Boston-Salat mit Baby-Karotten und Artischockenherzen

Zutaten:

1 Kopf Boston-Salat, gespült, getupft und zerkleinert

½ Tasse Babykarotten

½ Tasse Artischockenherzen

Dressing

2 EL. Weißweinessig

4 Esslöffel natives Olivenöl extra

Frisch gemahlener schwarzer Pfeffer

3/4 Tasse fein gemahlene Erdnüsse

Meersalz

Vorbereitung

Alle Zutaten für das Dressing in einer Küchenmaschine vermischen.

Mit den restlichen Zutaten vermengen und gut vermischen.

Römersalat, schwarze Oliven und Babymaissalat

Zutaten:

1 Kopf Römersalat, abgespült, getupft und zerkleinert

½ Tasse schwarze Oliven

½ Tasse Babymais aus der Dose

Dressing

2 EL. Apfelessig

4 Esslöffel Olivenöl

Frisch gemahlener schwarzer Pfeffer

3/4 Tasse fein gemahlene Mandeln

Meersalz

Vorbereitung

Alle Zutaten für das Dressing in einer Küchenmaschine vermischen.

Mit den restlichen Zutaten vermengen und gut vermischen.

Römersalat & Babykarotten mit Walnuss-Vinaigrette-Salat

Zutaten:

1 Kopf Römersalat, abgespült, getupft und zerkleinert

½ Tasse schwarze Oliven

½ Tasse Babykarotten

Dressing

2 EL. Weißweinessig

4 Esslöffel natives Olivenöl extra

Frisch gemahlener schwarzer Pfeffer

3/4 Tasse fein grob gemahlene Walnüsse

Meersalz

Vorbereitung

Alle Zutaten für das Dressing in einer Küchenmaschine vermischen.

Mit den restlichen Zutaten vermengen und gut vermischen.

Boston-Salat mit Kapern und Artischockenherzsalat

Zutaten:

1 Kopf Boston-Salat, gespült, getupft und zerkleinert

½ Tasse Kapern

½ Tasse Artischockenherzen

Dressing

2 EL. Rotweinessig

4 Esslöffel natives Olivenöl extra

Frisch gemahlener schwarzer Pfeffer

3/4 Tasse fein gemahlene Mandeln

Meersalz

Vorbereitung

Alle Zutaten für das Dressing in einer Küchenmaschine vermischen.

Mit den restlichen Zutaten vermengen und gut vermischen.

Römersalat, grüne Oliven und Artischockenherz mit Macadamia-Vinaigrette

Zutaten:

1 Kopf Römersalat, abgespült, getupft und zerkleinert

½ Tasse grüne Oliven

½ Tasse Artischockenherzen

Dressing

2 EL. Balsamico Essig

4 Esslöffel Macadamiaöl

Frisch gemahlener schwarzer Pfeffer

3/4 Tasse fein grob gemahlene Cashewkerne

Meersalz

Vorbereitung

Alle Zutaten für das Dressing in einer Küchenmaschine vermischen.

Mit den restlichen Zutaten vermengen und gut vermischen.

Bib Salat Olive und Baby Karotte mit Walnuss-Vinaigrette-Salat

Zutaten:

1 Kopfsalat, abgespült, getupft und zerkleinert

½ Tasse schwarze Oliven

½ Tasse Babykarotten

Dressing

2 EL. Apfelessig

4 Esslöffel natives Olivenöl extra

Frisch gemahlener schwarzer Pfeffer

3/4 Tasse fein grob gemahlene Walnüsse

Meersalz

Vorbereitung

Alle Zutaten für das Dressing in einer Küchenmaschine vermischen.

Mit den restlichen Zutaten vermengen und gut vermischen.

Römersalat mit Baby-Maissalat

Zutaten:

1 Kopf Römersalat, abgespült, getupft und zerkleinert

½ Tasse schwarze Oliven

½ Tasse Babymais aus der Dose

Dressing

2 EL. Rotweinessig

4 Esslöffel natives Olivenöl extra

Frisch gemahlener schwarzer Pfeffer

3/4 Tasse fein gemahlene Mandeln

Meersalz

Vorbereitung

Alle Zutaten für das Dressing in einer Küchenmaschine vermischen.

Mit den restlichen Zutaten vermengen und gut vermischen.

Römersalat, rote Zwiebeln und Artischockenherz mit Erdnuss-Vinaigrette-Salat

Zutaten:
1 Kopf Römersalat, abgespült, getupft und zerkleinert

½ Tasse gehackte rote Zwiebel

½ Tasse Artischockenherzen

Dressing
2 EL. Weißweinessig

4 Esslöffel natives Olivenöl extra

Frisch gemahlener schwarzer Pfeffer

3/4 Tasse fein gemahlene Erdnüsse

Meersalz

Vorbereitung

Alle Zutaten für das Dressing in einer Küchenmaschine vermischen.

Mit den restlichen Zutaten vermengen und gut vermischen.

Boston-Salat, schwarze Oliven und Babymais mit Mandel-Vinaigrette-Salat

Zutaten:

1 Kopf Boston-Salat, gespült, getupft und zerkleinert

½ Tasse schwarze Oliven

½ Tasse Babymais aus der Dose

Dressing

2 EL. Weißweinessig

4 Esslöffel Olivenöl

Frisch gemahlener schwarzer Pfeffer

3/4 Tasse fein gemahlene Mandeln

Meersalz

Vorbereitung

Alle Zutaten für das Dressing in einer Küchenmaschine vermischen.

Mit den restlichen Zutaten vermengen und gut vermischen.

Salat mit Endivien und grünen Oliven Olive

Zutaten:

1 Endiviensalat gespült, getupft und zerkleinert

½ Tasse grüne Oliven

½ Tasse Artischockenherzen

Dressing

2 EL. Weißweinessig

4 Esslöffel Macadamiaöl

Frisch gemahlener schwarzer Pfeffer

3/4 Tasse fein grob gemahlene Cashewkerne

Meersalz

Vorbereitung

Alle Zutaten für das Dressing in einer Küchenmaschine vermischen.

Mit den restlichen Zutaten vermengen und gut vermischen.

Gemischter Salat mit grünen Oliven und Artischockenherzen

Zutaten:

1 Bund gemischtes Grün, abgespült, getupft und zerkleinert

½ Tasse schwarze Oliven

½ Tasse Artischockenherzen

Dressing

2 EL. Weißweinessig

4 Esslöffel natives Olivenöl extra

Frisch gemahlener schwarzer Pfeffer

3/4 Tasse fein grob gemahlene Walnüsse

Meersalz

Vorbereitung

Alle Zutaten für das Dressing in einer Küchenmaschine vermischen.

Mit den restlichen Zutaten vermengen und gut vermischen.

Boston-Salat mit Artischockenherzen

Zutaten:

1 Kopf Boston-Salat, gespült, getupft und zerkleinert

½ Tasse Kalamata-Oliven

½ Tasse Artischockenherzen

Dressing

2 EL. Balsamico Essig

4 Esslöffel natives Olivenöl extra

Frisch gemahlener schwarzer Pfeffer

3/4 Tasse fein gemahlene Mandeln

Meersalz

Vorbereitung

Alle Zutaten für das Dressing in einer Küchenmaschine vermischen.

Mit den restlichen Zutaten vermengen und gut vermischen.

Pflaumen-Tomaten-Artischocke und Napa-Kohl-Salat

Zutaten:
5 mittelgroße Pflaumentomaten, längs halbiert, entkernt und in dünne Scheiben geschnitten

1 Tasse Artischocken in Dosen

1/2 mittelgroßer Napa-Kohl, in dünne Scheiben geschnitten

Dressing
¼ Tasse natives Olivenöl extra

2 Spritzer Weißweinessig

Grobes Salz und schwarzer Pfeffer

Vorbereitung
Alle Dressing-Zutaten mischen.

Mit den restlichen Zutaten vermengen und gut vermischen.

Gurken-Trauben- und Maissalat

Zutaten:

1/2 Tasse Gurken

10 Stk. rote Trauben

1/2 Tasse Dosenmais

1 große Gurke, längs halbiert und in dünne Scheiben geschnitten

Dressing

¼ Tasse natives Olivenöl extra

2 Spritzer Weißweinessig

Grobes Salz und schwarzer Pfeffer

Vorbereitung

Alle Dressing-Zutaten mischen.

Mit den restlichen Zutaten vermengen und gut vermischen.

Tomatillos Kirschen und Spinatsalat

Zutaten:

10 Tomatillos, längs halbiert, entkernt und in dünne Scheiben geschnitten

1/4 Tasse Kirschen

1 Bund Spinat, abgespült und abgetropft

12 Stk. schwarze Trauben

Dressing

¼ Tasse natives Olivenöl extra

2 EL. Apfelessig

Grobes Salz und schwarzer Pfeffer

Vorbereitung

Alle Dressing-Zutaten mischen.

Mit den restlichen Zutaten vermengen und gut vermischen.

Äpfel Rotkohl und Kirschsalat

Zutaten:

1 Tasse Fuji-Äpfel gewürfelt

1/2 mittelgroßer Rotkohl, in dünne Scheiben geschnitten

1/4 Tasse Kirschen

1/4 weiße Zwiebel, geschält, längs halbiert und in dünne Scheiben geschnitten

1 große Gurke, längs halbiert und in dünne Scheiben geschnitten

Dressing

¼ Tasse natives Olivenöl extra

2 Spritzer Weißweinessig

Grobes Salz und schwarzer Pfeffer

Vorbereitung

Alle Dressing-Zutaten mischen.

Mit den restlichen Zutaten vermengen und gut vermischen.

Pflaumen-Tomaten-Apfel-Rotkohl-Salat

Zutaten:
5 mittelgroße Pflaumentomaten, längs halbiert, entkernt und in dünne Scheiben geschnitten

1 Tasse Fuji-Äpfel gewürfelt

1/2 mittelgroßer Rotkohl, in dünne Scheiben geschnitten

1/4 Tasse Kirschen

Dressing
¼ Tasse natives Olivenöl extra

2 Spritzer Weißweinessig

Grobes Salz und schwarzer Pfeffer

Vorbereitung
Alle Dressing-Zutaten mischen.

Mit den restlichen Zutaten vermengen und gut vermischen.

Pflaumen-Tomaten-Grünkohl-Ananas-Mango-Salat

Zutaten:

5 mittelgroße Pflaumentomaten, längs halbiert, entkernt und in dünne Scheiben geschnitten

1 Bund Grünkohl, abgespült und abgetropft

1 Tasse Ananasstückchen aus der Dose

1 Tasse gewürfelte Mangos

Dressing

¼ Tasse natives Olivenöl extra

2 Spritzer Weißweinessig

Grobes Salz und schwarzer Pfeffer

Vorbereitung

Alle Dressing-Zutaten mischen.

Mit den restlichen Zutaten vermengen und gut vermischen.

www.ingramcontent.com/pod-product-compliance
Lightning Source LLC
Chambersburg PA
CBHW071817080526
44589CB00012B/824